PIERRE LASSERRE

—

La
Morale de Nietzsche

PARIS
SOCIETÉ DV MERCVRE DE FRANCE
XV, RVE DE L'ÉCHAVDÉ-SAINT-GERMAIN, XV

—

MCMII

A Monsieur E. Ledrain,
Hommage de l'auteur
P. L.

LA MORALE DE NIETZSCHE

PIERRE LASSERRE

—

La

Morale de Nietzsche

PARIS
SOCIETÉ DV MERCVRE DE FRANCE
XV, RVE DE L'ÉCHAVDÉ-SAINT-GERMAIN, XV

—

MCMII

AVERTISSEMENT

Publié, il y a près de trois ans dans un recueil périodique, mais composé il y en a plus de cinq, c'est-à-dire avant que Nietzsche ne fût encore lisible en français, ce travail nous avait paru perdre toute utilité à la suite de la belle et complète traduction du grand psychologue donnée par M. Henri Albert et ses collaborateurs.

Nous avions voulu initier ou plutôt « amorcer » aux idées de Nietzsche quelques jeunes esprits particulièrement capables d'en tirer profit comme il venait de nous arriver à nous-même et d'en recevoir non un joug, mais une stimulation dans leur développement.

Ayant eu cependant l'occasion de connaître quelques-uns des plus notables exposés de Nietzsche donnés dans nos revues depuis cette époque, nous avons dû cesser de croire toute lumière faite sur des conceptions qui demanderaient, pour être bien comprises et justement appliquées, plus de perspicacité psychologique que d'érudition philosophique.

Le petit nombre de personnes qui avait eu l'indulgence de s'intéresser à cette étude, lors de sa première apparition, est averti que nous l'avons amendée et complétée autant qu'il était possible sans en altérer le premier accent. Travail délicat! Car nous n'avions pas laissé passer pour parler de Nietzsche l'heure où nous subissions de sa part un tout nouvel et assez vif entraînement. Nietzsche nous a surtout aidé ainsi que maint autre de notre génération à rentrer en jouissance de certaines vérités naturelles. Mais comme ces vérités sont beaucoup plus vieilles que lui, on en arrive à oublier la fièvre qui accompagna cette récupération. Ce qu'on ne doit pas oublier c'est qu'elle

peut-être communiquée avec fruit à des intelligences biennées, mais profondément contami-
nées par les sophismes sur lesquels la critique
de Nietzsche exerce l'action la plus corrosive.

Le nietzschéisme est moins une doctrine en
effet qu'une crise, mais une crise salutaire. Il
y a chez Nietzsche un contraste entre le fonds
des idées, classique, positif, traditionnel, et le
ton, dont l'ardeur va souvent jusqu'au sar-
casme. Un conservateur qui parle comme un
révolté, un attique, un français par le goût,
avec des brutalités et de rudes moqueries
d'allemand : physionomie assez nouvelle dans
l'histoire et dont le secret gît peut-être en
ceci, que Nietzsche, parvenu à la sagesse, en a
moins joui qu'il n'a été irrité par l'erreur.
Quand une âme délicate découvre dans un
idéal auquel elle s'était laissé séduire par ses
penchants les plus nobles, sophistique et
charlatanisme, elle s'offense et certes sa colère

est justifiée. Mais il n'est pas bon que cette colère dure trop. Car elle porte moins contre le faux lui-même que contre la naïveté et aussi l'orgueil qui nous en rendirent dupe. C'est là une aventure personnelle dont il ne faudrait pas, à moins d'avoir le génie d'écrivain de l'auteur de Zarathoustra, occuper trop longtemps le monde. Tandis que nous errions dans d'obscures cavernes, le soleil ne s'était pas arrêté de luire. Au reste, le caractère de Nietzsche n'est nullement l'objet de cet écrit.

Quoi qu'il ait pu y passer du ton nietzschéen, qu'on veuille bien y voir surtout un essai de systématisation. On n'y trouvera pas le détail des théories de Nietzsche, mais seulement ses vues génératrices, les observations initiales d'où est parti et où revient toujours l'ardent mouvement de sa critique. Nous avions projeté, pour ce travail, le titre suivant :

Nietzsche contre l'anarchisme, *et il pourrait le porter très justement. Toutes les conceptions de Nietzsche se subordonnent à sa critique de l'anarchie, anarchie tant dans les mœurs et les sentiments de l'homme que dans l'institution sociale. L'auteur de la plus profonde et véridique étude donnée en France sur notre auteur ne l'intitule-t-il pas :* le sens de la hiérarchie chez Nietzsche (1), *reconnaissant comme nous dans ce problème d'organisation de l'autorité et de la règle le centre de ses préoccupations ? Cette rencontre avec un esprit éminent, sans nous empêcher de voir les défauts de notre ouvràge, est faite pour nous rassurer sur la justesse de notre interprétation.*

Avril 1902.   P. L.

(1) *M. Jules de Gaultier, dans la* Revue hebdomadaire, *23 mars 1901.*

LA MORALE DE NIETZSCHE

Il y a quelques années, lorsque le nom de Nietzsche fut devenu trop célèbre pour que des écrivains qui, comme M. de Wyzewa ou feu Valbert, apportent aux lecteurs de nos grandes revues les nouvelles philosophiques de l'étranger, gardassent plus longtemps le droit de s'en taire, on vit une singulière aventure. Je devrais plutôt dire qu'elle arriva, mais qu'on ne la vit point. L'auteur du *Zarathustra* fut présenté à la France comme le type le plus radical d'anarchiste, de nihiliste, de démolisseur universel, que l'idéologie allemande eût jamais enfanté. Réputation fâcheuse, bien propre à faire exclure Nietzsche sans plus d'examen du nombre des esprits supérieurs. Car qu'y a-t-il, à la fin du xixe siècle, de plus rebattu que l'anarchisme, de plus simplet, de plus à la portée de tout le monde que le nihilisme, de plus inoffensif enfin que les

« audaces » d'un idéologue germanique? Ces renseignements suffirent pour détourner de Nietzsche l'attention des personnes pondérées. La question était donc entendue. Et les informateurs un peu hâtifs dont je parlais avaient réglé leur compte avec le météore nouveau.

Celui-ci, heureusement, a reparu. La traduction des œuvres de Nietzsche publiée par la Société du *Mercure de France* et qui honore tant son auteur principal et initiateur, M. Henri Albert, est maintenant presque complète. Elle a au moins dissipé ces méprises grossières. Non seulement Nietzsche n'est pas anarchiste; mais il serait à peu près aussi juste de lui appliquer cette épithète ou toute autre exprimant un état d'esprit enfantin et sauvage, que d'appeler Joseph de Maistre un jacobin, ou Michelet jésuite. Il est curieux qu'on lui ait prêté ce qu'il exècre le plus.

Il existe une erreur, erreur méchante, louche,

souterraine, destructrice secrète de tout ordre et de toute beauté, ver rongeur des plus nobles œuvres humaines, que Nietzsche hait en effet de toute la vivacité de son goût pour la face brillante du monde civilisé. Il serait bien près de l'appeler l'Erreur, la Négation, la Malfaisance en soi. Et c'est à peu près en ces termes — on s'en souvient — que Méphistophélès se définit lui-même dans le *Faust* de Gœthe. Mais le fléau profond et subtil auquel en a Nietzsche n'est rien moins, certes, que méphistophélique. Le cynisme cavalier est tout ce qu'il y a de plus opposé à ses allures. Il faudrait plutôt l'imaginer comme un gigantesque Tartufe qui aurait pris l'air de toutes les sectes de religion et de morale, depuis le Bouddha jusqu'à nos jours, et qui nous représenterait, fondues ensemble, toutes les nuances d'hypocrisie, d'humilité, de « spiritualité », de « renoncement », d'absorption en Dieu ou en l'idéal, savamment inventées et exhibées au cours des siècles par une sainte rancune, par de sombres desseins de vengeance contre la Terre et la Vie. Comment le désigner ce mal, dont l'action tout intellectuelle — mais par là même cent fois plus redoutable que la torche d'Attila ou la bombe de Ravachol (incendiaires, non empoisonneurs) — détruisit dans le monde antique et achève présentement de !dissoudre dans l'Europe moderne les plus précieux éléments et jusqu'à l'idée même de civilisation? Mille noms lui conviendraient, car il a mille formes. Mais qu'il exerce ses ravages en grand ou en petit, dans l'institution sociale ou dans des consciences isolées, qu'il corrompe les mœurs, l'art ou la philosophie, toujours sa présence se révèle par ce symptôme : une anarchie. On pèut dire que le but de Nietzsche, ç'a été de démasquer, de forcer à reconnaître le vice anarchique dans la plupart des principes et des sentiments dont l'époque moderne s'enorgueillit comme de ses plus nobles conquêtes morales et qui en forment comme l'air respirable... ou irrespirable.

La philosophie, ou mieux la psychologie de

l'anarchisme est donc dans l'œuvre de Nietzsche plus qu'un article important. Elle est le centre et la source de tout. Elle fera l'objet propre de ces pages où l'on s'étonnera peut-être de ne pas trouver le ton froid et « impartial » de l'exposé critique. Mais pour nous, comme pour un certain nombre d'hommes de notre génération, le nietzschéisme fut moins une révélation qu'un adjuvant. L'audace et l'éloquence de Nietzsche, mises au service des conclusions qu'allait nous imposant de plus en plus l'expérience des idées modernes et de leurs fruits, ont surtout activé et enhardi notre libération intellectuelle. Qu'on nous excuse si, au récit des vues essentielles de ce grand médecin moral, s'est mêlé, malgré nous, l'accent de notre propre observation et la chaleur de fièvres que nous traversâmes aussi. Nous nous flattons que cette méthode toute spontanée n'aura pas nui à la véracité de notre interprétation. Nietzsche ne se comprend pas très bien du dehors.

I

Le signe de toute civilisation, d'après Nietzsche,
ce sont les mœurs. Dans le vaste et confus concert d'éléments que l'on a coutume de désigner
sous ce mot de civilisation, elles donnent la
note humaine. Elles disent ce qui est advenu de
l'homme lui-même dans les conditions d'existence que lui font, à un moment et en un lieu
donnés, les accidents de l'histoire, l'état des
sciences, de l'industrie, des relations de com-
merce, etc. C'est concevoir bien superficiellement
une civilisation que de la croire définie par ses
particularités visibles et tangibles; et c'est aussi
s'en tenir à un critère bien grossier de sa valeur.
Qu'a-t-elle fait de l'homme? Quelle variété, quelle
nouvelle beauté ou déformation du type humain

nous donne-t-elle à comprendre et à apprécier ?
Voilà la seule question qui intéresse quand on
joint à une certaine hauteur de point de vue une
certaine délicatesse du goût : le résidu psychologique d'une civilisation. Pour Nietzsche, une
civilisation est, avant tout, une culture, une
culture d'hommes.

Comment donc naît et se développe cette fleur
de toute vraie civilisation : des mœurs ?

L'homme est fait d'une multiplicité de tendances, d'affections, d'impulsions, de mobiles,
puissances discordantes qui le déchireraient bien
vite et le feraient périr de son propre désordre, s'il ne se les représentait nettement dans
des rapports de subordination et de dépendance qui assignent à chacune d'elles son
rang, sa dignité, sa valeur. Il faut qu'il se soit
assez discipliné, rendu assez maître de lui-
même pour être assuré que l'aveugle mouvement
de ses sensibilités et de ses instincts ne viendra

pas, à tout instant, briser la ferme ligne d'une tenue dont la vue du barbare, de l'inéduqué, suffirait à lui faire connaître le haut prix. L'homme moral, c'est donc l'homme discipliné, châtié, maître de soi.

Ces données peuvent sembler assez banales et même indécises. On en saisira tout le sens si nous ajoutons que Nietzsche n'accorde presque aucune part à la « nature » dans la moralité. Pour lui, toute espèce de moralité est, non seulement dans ses principes généraux, mais surtout dans ses particularités délicates et vraiment distinctives, une œuvre du discernement, de l'application et du soin, une culture. Il trouve les modernes mal venus à invoquer la nature, eux dont les moindres nuances de sensibilité et d'estimation morale sous-entendent tant d'expérience humaine. Il n'a pas assez de railleries pour ces philosophes qui, parce qu'ils n'ont d'yeux que pour le type moyen de l'homme éduqué, tel qu'il existe sur quelques centaines de pieds carrés autour d'eux, attribuent à la « nature humaine » les caractères de ce personnage spécial — appellent « nature » leur propre médiocrité. Pour Rousseau, la « nature » ce sont les rancunes plébéiennes, les attendrissements morbides de Rousseau solennisés, élevés à une dignité quasi mystique. Bref, Nietzsche est trop épris du net, du clair, du fini — trop droit, ajouterai-je, pour ne pas expulser impitoyablement de toute controverse sur la morale, avec cette notion de Nature — si vague qu'on peut y mettre tout ce qu'on veut, et généralement ce n'est qu'un nom pompeux donné à nos propres instincts — ces autres entités également obscures et dangereuses : Raison pure, Libre arbitre, Autonomie, Conscience... bref, la métaphysique. Il n'est pas le premier, dira-t-on. Il est le premier à l'avoir fait avec cette intransigeance et cette malice, parce qu'il ne le faisait pas au nom d'une théorie, mais par simple finesse psychologique, par haine de toute équivoque et de tout nébuleux dans les principes de conduite, enfin, selon un mot qu'il aimait, par « propreté » morale.

Toute morale donc, toute règle des mœurs qui a été reconnue pour bonne ici ou là, en même temps qu'elle marque ses directions à l'énergie humaine, est une œuvre de cette énergie. Elle condense le résultat de beaucoup de victoires remportées par l'homme sur lui-même. Elle est le legs de beaucoup de générations d'ancêtres obstinées et patientes à se travailler, et à s'accentuer elles-mêmes en un certain sens. Il en est des données d'une morale comme des préceptes d'un art arrivé à un certain point de perfection : ceux-ci fournissent à présent des facilités au génie, lui épargnent bien des tâtonnements et de stériles efforts, lui procurent, en le contenant fermement, une aisance supérieure. Mais combien chacun d'eux suppose-t-il d'essais maladroits et de tentatives recommencées ! Il en est d'un jugement sain et fin sur les mœurs comme du goût. Le goût ne se manifeste guère dans l'élite d'un peuple comme une intuition rapide et naturelle que quand toutes les

façons à peu près d'être diffus, plat, choquant,
insignifiant, ennuyeux ont été pratiquées par ses
artistes et écrivains antérieurs. Il résume donc
dans sa spontanéité acquise de longues habitudes
de vigilance sur soi-même. Ainsi de tout tact
moral, de tout sentiment de devoir ou de convenance. Pas une vertu n'a fleuri et n'a obtenu
consécration dans l'histoire, dont des hommes
n'aient été les artisans laborieux. Tout ce qui
rehausse l'homme ou le pare — depuis les
héroïsmes, les loyalismes, les nobles et chimé-
riques fidélités jusqu'à la politesse et aux bonnes
manières — est un acquis de l'art humain.
La première œuvre d'art de l'homme, c'est
l'homme.

II

Par cette conception généreuse du pouvoir de l'espèce humaine sur sa propre destinée, Nietzsche se montre bien l'ennemi de la résignation évangélique et du pessimisme chrétien. — Mais il s'oppose plus fortement encore au moderne optimisme humanitaire, et — trait remarquable — en vertu du même principe.

Les philosophes et sociologues modernes de l'inspiration de Rousseau se croient en effet non chrétiens parce que, contre l'ascétisme de la morale évangélique, ils revendiquent la liberté de l'instinct. Mais la dangereuse folie de ces esprits c'est d'être plus imprudemment chrétiens que l'Évan-

gile lui-même. L'Évangile ne perd pas de vue l'opposition de ses préceptes à la nature, ni combien
ils sont faits pour scandaliser l'homme naturel,
quand celui-ci n'en aperçoit pas l'envers divin.
Ce que nos humanitaires entendent, eux, par
« Nature » ce n'est autre chose que l'idéal évangélique tout réalisé. Leur thèse de la « bonté
primitive de l'homme » signifie que l'homme por-
tait primitivement en lui les vertus et les affections que le chrétien croit avoir été révélées à la
terre par Jésus-Christ.

Le Christianisme — aussitôt du moins qu'il
se fut organisé en gouvernement moral d'une
partie de l'espèce humaine — montra cette sagesse de ne laisser espérer la félicité générale que
pour une autre vie. Il reconnut dans le mal une
nécessité essentielle de la vie présente. C'est dès
ce monde même que les disciples de Rousseau —
chrétiens déréglés, masqués d'un faux natura-
lisme, rêvent de voir s'accomplir le parfait bonheur de l'humanité. Ces pontifes bourgeois, ces
« juifs charnels » ont matérialisé, laïcisé le

« royaume de Dieu ». A supposer que leur espérance ne fût pas misérablement chimérique,
ne voient-ils pas tout ce que sa réalisation sup-
primerait de vertus et d'énergies? La fraternité,
la douceur des mœurs fleuriraient. Mais que de-
viendraient les vertus de guerre et de défense?
Le courage des grands desseins et des grandes
ambitions individuelles dépérirait et, avec lui, la
cause la plus décisive du progrès intellectuel.
Singuliers ennemis du christianisme, qu'une héré-
dité de christianisme sans correctif a assez pétris,
assez brisés pour qu'ils ne ressentent plus un
tel idéal comme la plus lamentable diminution
de l'être humain, comme le plus triste affadis-
sement de la vie!

Contre cet idyllisme, généreux d'apparence,
mais par ses conséquences si laid au fond,
Nietzsche est du côté des Montaigne, des Hobbes,
des la Rochefoucauld, des de Maistre, des clair-
voyants enfin. Nullement brutal, l'homme au
contraire le plus délicat, dirai-je, le plus féminin
qui fût par la sensibilité, il n'éprouve aucun be-

soin d'innocenter la nature, de prêter la franchise au renard et la mansuétude au loup.
Il sait que l'homme a commencé par être un
loup et un renard, qu'il l'est encore et que ce
n'est pas à déplorer absolument, car un agneau
n'est propre qu'à être mangé, et la douceur,
l'honnêteté de l'agneau n'ont rien d'admirable,
étant, chez cet animal, stupides et justement
« naturelles ». Rien n'a commencé que par
l'énergie. Et l'énergie, jusqu'à ce qu'elle ait
appris de ses propres échecs la nécessité de la
discipline et de la modération, ne connaît d'autre loi qu'elle-même. Elle est donc cynique, im-
pitoyable, impudique. Elle est le mal. Sot qui
professe : le mal n'est qu'un accident. Il est,
au contraire, l'origine, le noyau de tout ce qui
existe, de tout ce qui a grandi sous le ciel. Il
est enveloppé dans le bien. Il y a, à la racine de
la vie, une impulsion initiale qui la pousse uni-
quement à se faire place, à prévaloir. La vie est,
en son principe, « Volonté de puissance ».

Arrêtons-nous un instant sur cette formule
fameuse, à cause du grave malentendu auquel
elle peut prêter.

Depuis Hegel, les métaphysiciens allemands
sont obsédés du dessein grandiose, mais fabuleux, de ramener toute la variété de l'univers à
un unique principe générateur. Ce principe, ils
s'évertuent à l'atteindre par une dialectique souvent fort obscure, où l'imagination supplée la
raison. Et ils le baptisent. C'est pour l'un le
Moi, pour d'autres l'Absolu, l'Inconscient, la
Volonté. On reconnaît là de simples abstractions logiques ou psychologiques divinisées. Dans
la fausse vue qui fait de Nietzsche le continua-
teur de ces philosophes, et de sa doctrine la dernière étape dans le développement de ce pan-
théisme, d'ailleurs si vain, quelques auteurs
prennent la « Volonté de puissance » pour une
formule d'explication cosmique. Ainsi entendu,
Nietzsche perdrait toute sa précision, tout
son prix. Malgré des éclairs parfois jetés sur le
domaine des idées cosmologiques, il n'étend pas

sérieusement ses regards au delà du règne
humain. C'est dans l'homme qu'il observe la
Volonté de puissance. Il voit en elle la cause première de tout ce que l'industrie humaine a ajouté
à la nature. Il entend qu'à l'origine de tout ce
qui s'est établi de durable, d'ordonné, de proprement humain dans l'humanité, il y a, non
pas suggestion de l'instinct, non pas même com-
mandement de la nécessité, mais fait de violence, de domination, de conquête, quelque chose
d'imposé et de subi. Toute règle — intellectuelle,
esthétique, morale ou politique, — signifie des
instincts et impulsions rebelles mis sous le
joug. Tout « droit » est un legs de la force. Vic-
torieuse, elle a pu organiser ce qu'elle avait soumis, faire du résultat de la guerre la loi de la
paix.

La Volonté de puissance est la conseillère profonde des peuples et des races. C'est elle qui les
met sur la voie des vertus par lesquelles ils seront forts, deviendront grands, uniques. C'est
elle qui les rend appliqués, persévérants, rusés,

intraitables dans la défense et l'entretien de ces vertus. C'est elle qui leur suggère les expédients qui les sauvent de périr aux tournants dangereux de leur destinée : ici la cruauté, les exterminations rapides et complètes de l'ennemi extérieur ou intérieur, ailleurs au contraire la patience, l'endurance, la longanimité. Elle fête ses extrêmes triomphes dans les belles civilisations, les plus doux et les plus achevés dans de gracieuses et nobles mœurs.

Mais, par quelque biais qu'elle dirige l'homme vers ses fins, il est une contrainte qu'invariablement elle lui impose, à savoir : celle qu'il a à exercer sur lui-même dans le sens des vertus d'où dépendent son salut et sa primauté.

« Plutôt n'importe quelles mœurs, dit Nietzsche, que pas de mœurs du tout! »

Sans doute! mais il y a pour l'homme bien
des façons de se représenter l'ordre et la discipline convenables à sa nature. Il y a eu bien
des sortes d'éthique, autant que de climats, de
religions, de patries, de castes sociales. Qu'est-
ce qui fait adopter l'une plutôt que l'autre?
Qu'est-ce qui, pour une société, une famille humaine déterminée, assigne à chaque mode d'a-
gir et de sentir son rang respectif dans l'échelle
des valeurs morales? Qu'est-ce qui qualifie le
bien et le mal?

Toujours la volonté de puissance. Tout critère d'estimation morale est au fond, pour ceux

qui l'adoptent et le préconisent, un moyen de
s'assurer la grandeur. Il s'inspire des conditions
qu'il faut ou qu'il faudrait à une certaine caté-
gorie d'hommes pour primer; ces conditions, il
les érige en norme, en idéal de la vie.

Mais la morale s'établit par des voies et des
inspirations bien différentes, selon que ce fondamental vouloir de primauté jouit de la puissance effective nécessaire pour réaliser ses desseins, tout au moins pour les poursuivre au grand
jour — ou bien qu'il est paralysé par la débilité
et le malheur.

Le premier cas est, par exemple, celui d'un
peuple militaire et organisateur comme les Ro-
mains. C'est encore, au sein d'un peuple, le privilège d'une classe conquérante ou mieux douée
qui s'empare du pouvoir et, en usant avec sagesse, le garde des siècles. La morale alors s'or-

ganise d'elle-même et elle n'est, pour ainsi dire,
que la sanction du fait. Les aptitudes guerrières
et politiques, la vigueur et le talent de commander, le courage d'obéir, le mépris de la vie,
le civisme, l'esprit patriotique, l'esprit de caste
et généralement toutes les tendances créatrices,
organisatrices, conservatrices, sont mises au
premier rang des vertus. De même la véracité
— les forts n'ont que faire de mentir ; la générosité et la magnanimité, ce « luxe de la puissance », interdit au faible. Toutes les façons
générales de penser qui tournent à la défense
et à la consécration de l'ordre établi forment les
bons principes. La petitesse d'âme, la ruse, la
peur des responsabilités, l'incapacité de s'émouvoir pour d'autres intérêts que d'individuels
sont les signes de l'homme vil. Les mauvaises
doctrines sont toutes celles qu'inspirent l'orgueil, l'excès de sensibilité personnelle, une secrète rancune contre les puissances régnantes et
l'œuvre de civilisation qu'elles ont créée ou qui
leur a été transmise à conserver.

En face, ou plutôt au-dessous de cette morale
de la puissance, l'histoire en effet en a toujours
vu se former une autre : la morale de l'impuissance et de la défaite. Elle renverse l'ordre des
valeurs établi par la première, glorifie ce que
celle-ci avilissait et réciproquement. Quand un
peuple est subjugué et hors d'état de prendre sa
revanche, il s'avise d'un détour ; il flétrit le vainqueur qu'il ne peut écraser et travaille à accré-
diter dans le monde le mépris de la victoire. S'il
y réussit, il deviendra plus grand que ses maîtres. Il s'agit de faire passer les humiliations
visibles pour la marque d'une supériorité... invisible, « spirituelle, » d'une élection mystique.
Dieu, insinuera-t-on, laisse frapper ses enfants
pour les distinguer des enfants de la terre et
montrer que leur grandeur n'est pas de ce monde.
Plus ils seront humbles, résignés, doux, mieux
cette leçon se fera comprendre au vainqueur, le
troublera, lui donnera la mauvaise conscience.
Les Juifs ne purent se prémunir contre les dangers dont leur nullité militaire, les captivités, les

dispersions menaçaient sans cesse leur existence nationale, qu'en se serrant le plus fortement possible autour de leur dieu pour suppléer à la caducité du lien politique. L'idée de la « cité céleste » est juive. C'est l'expédient grandiose qui, en sauvant ce peuple de l'anéantissement, lui révéla sa vocation propre, lui imprima son caractère. Les juifs devinrent la nation religieuse par excellence. Ils ont régné sur le monde et se sont vengés de tous leurs adversaires par la religion.

Sur les monuments allemands qui commémorent la guerre de 1870 on lit : « Gott war mit ùns. » *Dieu fut avec nous.* En France on a parlé trop de l'écrasement du « Droit » par la « Force » ; on s'est exalté à des principes d'où il résulterait que nos ennemis ont été bien malheureux et presque bas de vaincre. Ces formules se valent. Les armées, les tactiques, les politiques ne se valaient pas. La nature ne connaît que vainqueurs et vaincus, forts et faibles, organisés et désorganisés. Ces derniers en appellent à la

Surnature, à la « Justice ». Ne l'auraient-ils pas inventée à leur usage ?

En tout cas, on ne saurait sérieusement continuer de répandre que la doctrine de Nietzsche soit malsaine. Son goût pour la morale des puissants c'est tout simplement son antipathie pour la duplicité.

IV

La guerre n'existe pas seulement d'hommes à hommes. En lui-même l'homme porte une guerre d'instincts. La première exigence de la Volonté de puissance c'est que cesse cette anarchie naturelle. Il y a une manière ouverte et hardie de la combattre. Elle distingue les races supérieures et les hommes les mieux nés. Il y en a une, dissimulée et misérable, cette dernière variable à l'infini comme les subtilités de l'hypocrisie et de la faiblesse.

Les Grecs (les meilleurs du moins, car ils ont

eu leurs révoltés) acceptent d'une humeur sereine les discordances intestines de l'animal humain et tous les maux attachés à sa condition dans l'univers. De ce désordre, ils s'industrieront à tirer de l'ordre. Aristote rend sensible leur tour d'esprit à la fois soumis et décidé par la manière dont il montre que l'État est nécessaire. L'individu organisé pour vivre hors de l'État ne serait pas un homme, se contente-t-il de dire. « C'est une brute ou un dieu. » Aux yeux des Grecs, rien, d'ailleurs, de ce qui est indispensable à l'homme pour ne pas demeurer dans la sauvagerie et pour atteindre à l'état de civilisé ne lui a été octroyé spontanément par les dieux. Il est l'ouvrier de sa maison. La formation et le maintien de la société politique, bien que commandés par la nature elle-même, sont une œuvre d'art et de raisonnement. Pareillement, les maximes d'une vie juste ne sont pas dictées par l'inspiration ; mais elles expriment une conciliation entre mille nécessités et convenances ennemies. Rien n'est mauvais en soi, sinon le désordre.

Tout ce qui est ordonné, hiérarchisé, est bon. Tout ce qui est aisé et libre est beau. Morale, on le voit, tout orientée vers la liberté et la puissance, mais par le moyen de la discipline.

Le signe le plus profond de bonne naissance de l'esprit, d'après Nietzsche, se trouve là : dans ce consentement sous-entendu aux données de la nature et du destin. Beaucoup s'en sont vantés, qui n'en avaient que la vanité ou le désir malheureux. L'indifférence que les Stoïciens prétendent montrer à la douleur est quelque chose de tendu, de travaillé, de jactancieux, de haineux, au fond. La résignation humble, bénisseuse, pieuse, d'Épictète est d'un goût pire encore. Il faut à cette sage disposition d'esprit une tranquillité et une naïveté qui ne s'imitent pas, une proportion parfaite de légèreté et de sérieux. Elle est l'expression implicite d'un fonds de réalité et de vérité dont l'esprit ne perd pas le contact. Elle est une justesse d'humeur qui s'accommode de la variété des humeurs, et n'exclut que l'affecté, l'excessif, le chimérique.

Les grands Grecs de la lignée de Thucydide et d'Aristote en ont donné l'exemple, ainsi que les meilleures intelligences et les meilleurs caractères de la France.

Il n'y a pas plus sûr indice d'une énergie vitale intacte que ce fonds de pensée paisible. Rien n'est bon pour préserver l'homme de sombres imaginations sur l'iniquité du ciel, comme le sentiment de son pouvoir puisé dans une heureuse organisation. Il peut être malheureux (et quel peuple fut plus éprouvé que les Grecs?); mais il l'est ou du fait du sort, ou du fait de ses erreurs, non par quelque disgrâce ou désharmonie originelle de son âme. Il ne porte pas son ennemi en lui-même. Son élasticité finit toujours par rétablir en lui le calme nécessaire à l'exercice du jugement et à la possession de soi.

Imaginons-le, au contraire, pâtissant de quelque déséquilibre, de quelque impuissance innée. Qu'il joigne à une extrême capacité de jouir et de souffrir des facultés de réaction débiles ! Qu'avec une sensibilité et des instincts surexcités par les raffinements de l'imagination et de la civilisation ses centres organiques, faibles ou lésés, lui refusent l'énergie, les plaisirs de l'industrie, du combat ! Voilà un être voué à l'accablement et à qui l'impartialité intellectuelle sera bien difficile. Il voit la nature et la vie sombres et cruelles. Qui accusera-t-il ? Son propre ulcère qui leur donne cette couleur, ou la méchanceté du démiurge ?

Cette infortune de naissance peut être la caractéristique de races entières, soumises à un climat qui les laisse languissantes. Il est probable qu'elle l'est ; les conditions de toute réussite sont complexes, donc rares. Le climat propice au développement d'une certaine perfection totale du type humain n'existe sans doute que sur peu de points du globe.

Dans des races d'élite, il peut se produire, après des siècles de domination, épuisement, décadence.

Enfin des êtres sains, mais brusquement placés par les hasards des destinées individuelles ou par les mouvements de l'histoire dans une condition très loin de celle à laquelle leur naissance les adaptait, sont exposés par ce désaccord à de profondes et constantes blessures qui équivalent, pour les faire souffrir et leur ôter l'aisance d'esprit, à des tares natives.

Dans ces positions misérables, deux moyens s'offrent à l'homme pour pallier le mal de la vie. Ou bien s'avouer sa débilité, se traiter en malade qui redoute le soleil et les vents et ne peut traîner en paix ce lambeau d'existence que dans une chambre close. — Ou bien imaginer des principes religieux ou métaphysiques qui lui permettent de voir sa souffrance sous un jour consolant, glorieux pour lui, humiliant surtout pour ceux qui n'y ont pas part.

De ces deux partis, le premier se recommande au moins par la probité et le bon goût. D'après Nietzsche, deux sectes surtout en ont compris l'excellence et élaboré la méthode : les Boud-

.dhistes et les Épicuriens. Supprimer toutes les prises de la vie sur nous, non par une rupture révoltée et violente qui nous laisserait tout haletants, mais par un mouvement de savante et douce retraite, se désintéresser de la cité et de la postérité, de tout ce qui agite, de tout ce qui nous divise contre nous-même, et, au premier chef, de notre personne ; ne se permettre que des curiosités sans angoisse et, en fait de passions, la plus pacifique seulement, l'amitié entre hommes mûrs ; enfin, pousser l'indifférentisme jusqu'à un sentiment de fraternité universelle, jusqu'à tout accorder de nous au premier venu qui le demande, c'est là le chemin du nirvâna, de l'ataraxie, béatitude pour malades.... mais cette restriction est-elle à faire ? L'idée de la béatitude, de l'extase, du sommeil comme terme suprême, n'est-ce pas le symptôme d'incurables tourments, de quelque incompatibilité de l'âme avec la vie ?

Cet ascétisme épicurien, qui semble incliner l'homme tout entier vers la mort, c'est lui-même une invention de la volonté de puissance. A des natures brisées il donne au moins l'organisation chétive que seules elles comportent.

Malheureusement, il est rare que la volonté de puissance procède avec cette convenance qui prouve beaucoup de distinction. Les mal nés ne se résignent pas à l'effacement. Pour en sortir et donner du prix à leurs activités inquiètes et déréglées, pour auréoler leurs aspirations souffrantes, ils bouleversent les idées naturelles.

Nous les suivrons tout à l'heure dans les méandres de ce travail. Marquons-en dès ici le schema. La condition humaine et l'être humain renferment, on l'a dit, soit originairement, soit à partir d'un certain point de l'évolution de l'espèce, des antinomies. Incapable que l'on est d'en triompher par une énergie ordonnée, de les résoudre en harmonie, de créer le concert des puissances hostiles qui composent la vie, il s'agit, tout d'abord, d'éluder le problème que ces contradictions posent à l'intelligence et à l'activité de l'hómme, puis de glorifier cette solution

équivoque et peu généreuse. Le moyen ? déshonorer dans l'opinion de l'humanité l'un des
principes antagonistes que l'individu ou la société
portent en leur sein ; — par là, justifier ceux-ci
du dérèglement avec lequel ils se laisseront emporter à l'excès du principe contraire.

Un exemple — l'avilissement de la « matière »
—éclaircira cet artifice.

Ce qui rend irréalisable pour l'homme presque
la perfection de son type, c'est la dualité de sa
nature : esprit et corps. Comment ne pas perdre
en valeur physique, en aptitude à la vie, en naturel, ce qu'il gagnera en intensité méditative, en
conscience ? Il y a mesure même à l'excellent. Ainsi
se connaître est bon, se trop connaître est mortel. Le problème de ces conciliations délicates ne
se pose pas pour des peuples encore peu éloignés
de la barbarie, ni pour des classes peu conscien-
tes. Mais il fait cruellement sentir sa complexité
à l'élite des civilisations déjà avancées. Gœthe
nous montre dans Faust un fanatique de méditation qui a perdu dans cet abus l'ingénuité néces-

saire à toute entreprise virile. Encore Faust re-
prend-il goût au réel. Combien gardent au fond
d'eux-mêmes cette réserve de santé qui le sauve,
parmi ces jeunes gens des écoles et des sectes
d'Athènes déclinante ou de Paris moderne,
dont l'orgueil, la fureur raisonnante ont desséché
l'âme, flétri la grâce, faussé le sens? La pensée
n'est pas plus que le corps la fin de l'homme.
La fin, c'est l'harmonie des deux. Mais quand
l'équilibre de l'organisation humaine est rompu
en sa faveur, quand elle ne se sent plus modérée
par aucune convenance, la pensée élève une
sorte de prétention infinie. Elle veut que tout
se règle par elle. Elle s'érige en arbitre et inspi-
ratrice unique de la vie. Elle la désorganisera :
car elle n'est pas la cause, mais un fruit de la
vie. C'est probablement le signe le plus sûr des
décadences que ce doute, ce scrupule infini
et maladif dont les habitudes, les estimations
et les institutions les plus nécessaires doivent
devenir l'objet, dès que la spéculation s'acharne
à leur demander leurs titres absolus. C'est

l'anxiété universelle substituée à l'aisance et à la simplicité des époques fortes. Tout est remis en question par ces « intellectuels » qui ont perdu ou qui n'ont pas eu d'où tirer le sens des mœurs; tout ce qui existe autour d'eux d'abord, mais aussi eux-mêmes, leur caractère, leurs traditions, leur être propres. Ils se détruisent plus misérablement encore qu'ils ne détruisent.

Contre cette humiliation, quelle ressource? Diviniser le principe pensant. Ainsi les ravages qu'il fait par ses excès deviennent beaux. Puis démontrer vile la matière. C'est ce qu'Athènes vit exécuter par Socrate et Platon, philosophes de décadence, affirme Nietzsche. Ils enseignent que l'âme, accidentellement et temporairement déchue d'une destinée transcendante, est dans le corps comme dans un lieu d'épreuve, une prison. Le mythe importe peu. Mais cette invite de l'âme à se détacher de ses liens est une prime accordée à toutes les frénésies spirituelles, à toutes les orgies de la sensibilité morale. Elle ôte sa triste signification physiologique à l'inquiétude intérieure et lui en prête une sublime. Elle frappe de déshonneur la sérénité.

C'est la falsification idéaliste. Elle se présentera sous bien des formes au cours de l'histoire, mais toujours pour rendre le même service.

V

Une doctrine morale a donc, d'après Nietzsche,
la qualité même de ceux à qui elle apporte un
secours. Il s'ensuit qu'une morale sage, favorable
à l'ordre social — à plus forte raison, une morale noble — ne saurait être l'œuvre et le par-
tage que d'un petit nombre, d'une aristocratie.

Les vertus utiles, les préceptes que la société
a besoin de voir adopter, soit par tous ses membres, soit par telles ou telles catégories, sous
peine de périr, ne peuvent avoir été conçus et
imposés d'en bas. Ces préceptes sont l'expression de nécessités que le regard n'embrasse que
d'une certaine altitude. La multitude est incom-
pétente même à l'égard de sa propre conserva-

tion. Elle est imprévoyante et égarée. Elle est troupeau.

Quant aux belles vertus, aux maximes généreuses du civisme et de l'héroïsme, elles appartiennent aux parties dirigeantes des sociétés humaines, parce que c'est seulement à cette hauteur de position que la nécessité s'en fait sentir et qu'elles jaillissent de l'égoïsme même. Alors que ceux qui commandent au peuple ne se seraient proposé d'autre fin que la possession du pouvoir, ils ne le conserveront jamais qu'en instituant un ordre général dont l'entretien leur incombera. Dévoués primitivement à eux-mêmes, ils seront contraints de se faire serviteurs de la chose publique. Qu'importe que le subordonné, sa tâche spéciale une fois accomplie, ne pense plus qu'à lui-même et à sa nichée? Le chef, le responsable, doit faire passer avant tout la pensée de la totalité.

Nietzsche se moque des théories mystico-démocratiques qui attribuent à la foule on ne sait quel mystérieux pouvoir de création inconsciente

dans l'ordre poétique et moral. Elles font partie de
la défroque romantique. Bien plus, il tient toute
foule pour ennemie de la morale, d'une haute
morale au moins. S'il y a un inconscient en elle,
le voilà. Comment concevoir une masse humaine
où les faibles, les manqués, les impotents, les malades ne domineraient pas ? C'est une donnée élé-
mentaire. Les forts, les biens nés, les biens cen-
trés sont toujours un très petit nombre. Et c'est
le signe le plus avéré de la faiblesse organique et
surtout intellectuelle, ou mieux, c'est la faiblesse
même que l'incapacité de se gouverner, l'inap-
titude à la maîtrise de soi, condition commune
de toute morale caractérisée. Le faible est, de
par la nature, esclave, esclave d'abord de ses
propres sensibilités. Anarchique, il est un pro-
pagateur né d'anarchie, de laisser-aller. Le laisser-aller, les mœurs, deux antipodes. Une morale, comme toute culture, demande, pour pousser de vigoureuses racines, un riche terrain, de
profondes réserves de vitalité. Elle ne saurait
donc se faire reconnaître et prendre pied sur un

peuple que par le ministère d'une élite. Qui dési-
gnera cette élite comme maîtresse? Les effets
mêmes de la force et de l'intelligence ; la victoire,
la conquête, les services rendus par des capaci-
tés hors de pair pour l'organisation et la pro-
tection commune. De cette supériorité d'énergie, prouvée tout d'abord par le talent de se commander à soi-même en vue de quelque chose
d'ordonné et de grand, résulte pour l'élite, non
seulement le devoir de commander à la masse,
mais aussi celui de défendre contre elle sa propre intégrité. Si indispensable que soit pour la
paix et la sécurité de la nation une aristocratie
forte et sûre de soi, la fin essentielle de l'aristocratie, ce n'est pas le bien général, mais sa
propre Vertu. Elle a la jouissance des honneurs
et seule elle fait figure. Mais la tâche supérieure
qui constitue sa raison d'être lui impose les responsabilités les plus rigoureuses et les plus délicates, en même temps que les plus incompréhen-
sibles pour l'homme de la masse. Cette tâche,
c'est l'enfantement et l'entretien de belles

mœurs. Bref, qui dit mœurs dit une aristocratie, dit des maîtres.

Si la multitude ne participe pas à l'enfantement des belles mœurs ou si elle n'y participe qu'indirectement, comme subordonnée de l'aristocratie, —il s'en faut qu'elle souscrive toujours à cette distribution des rôles et demeure à sa place (1). Il ne s'agit pas ici des révoltes causées par l'oppression matérielle, l'exploitation brutale, les souffrances. Des temps viennent où, même pourvue de toute la sécurité et de tout le bien-être possibles par la vigilance et la justice des maîtres, ne désirant dans sa généralité ni plus de pain ni plus de jouissances, la plèbe s'insurge contre le privilège constitutif des aristocraties : créer la morale, déterminer le type de l'homme. Elle prétend l'accaparer, le faire descendre jusqu'à elle. Il en résulte en opposition avec la « morale des maîtres » une « morale des

(1) Voir, pour l'atténuation de ce qu'il y a de trop dur, de trop tendu dans cet aristocratisme, notre appendice II, sur la hiérarchie. Se reporter aussi à notre avertissement.

esclaves ». Laissons Nietzsche développer avec ampleur cet important parallèle.

Au cours d'une excursion entreprise à travers les morales délicates ou grossières qui ont régné dans le monde ou qui y règnent encore, j'ai trouvé certains traits se représentant régulièrement en même temps et liés les uns aux autres : tant qu'à la fin j'ai deviné deux types fondamentaux et une distinction fondamentale. Il y a une morale de maîtres et une morale d'esclaves ; j'ajoute de suite que, dans toute culture plus élevée et plus mêlée, apparaissent aussi des tentatives d'accommodement des deux morales, plus souvent encore la confusion des deux et un malentendu réciproque, parfois même leur étroite juxtaposition — et jusque dans le même homme, à l'intérieur d'une seule âme. Les différenciations de valeurs morales sont nées ou bien sous l'empire d'une espèce dominante qui, avec un sentiment de bien-être, a eu pleine conscience de ce qui la place au-dessus de la race dominée — ou bien parmi les dominés, les esclaves et les dépendants de toutes sortes. Dans le premier cas, quand ce sont les dominants qui déterminent le concept « bon », ce sont les états d'âmes sublimes et fiers que l'on regarde comme ce qui distingue et détermine les rangs. L'homme noble met à l'écart et repousse loin de lui les êtres en qui s'exprime le contraire de ces états sublimes et fiers : il les méprise. Qu'on remarque de suite que, dans cette première espèce de morale, l'antithèse «bon» et «mauvais» revient à celle de « noble » et de « méprisable »; l'antithèse « bien » et « mal » a une autre origine. On méprise le lâche, le craintif, le mesquin, celui qui ne pense qu'à l'étroite utilité; de même le méfiant, avec son regard inquiet, celui qui s'abaisse, l'homme chien qui se laisse maltraiter, le flatteur mendiant, — surtout le menteur — c'est une croyance essentielle chez tous les aristocrates que le commun peuple est menteur. « Nous autres véridiques, » tel était le nom que se donnaient les nobles dans la Grèce antique! Il est évident que les estimations de valeur morale ont eu primitivement pour objet des hommes et n'ont été que par la suite rapportées à des actions. Aussi les historiens de la morale commettent-ils une lourde bévue lorsqu'ils prennent comme point de départ des problèmes tels que celui-ci : « Pourquoi des actions inspirées par la pitié ont-elles été jugées louables ? » Les hommes de l'espèce noble sentent que ce sont eux qui définissent les valeurs des choses, ils n'ont pas besoin de se faire approuver, ils jugent : « ce qui m'est nuisible est nuisible en soi. » Ils savent en un mot qu'il n'y a d'honneur que ce qu'ils en confèrent; ils sont créateurs de valeurs. Tout ce qu'ils reconnaissent appartenir à leur nature, ils l'honorent. Une telle morale est glorification de soi-même.

A son premier plan se trouve le sentiment de la plénitude de la puissance qui veut déborder, le bonheur de la grande tension, la conscience d'une richesse qui voudrait donner et répandre : l'homme noble, lui aussi, vient en aide au malheureux, non pas ou presque pas par compassion, mais plutôt par une impulsion que crée la surabondance de la puissance. Il honore le puissant, et non le moins, celui qui a le pouvoir sur soi-même, qui s'entend à parler et à se taire, qui a plaisir à exercer contre soi sa sévérité et sa dureté, qui a le respect de tout ce qui est sévère et rigoureux. « Wotan me plaça dans la poitrine un cœur dur, » est-il dit dans une vieille *Saga* scandinave... cette sorte d'hommes s'enorgueillit justement de n'être pas faite pour la pitié : c'est pourquoi l'auteur de la Saga ajoute : « celui qui n'a pas dès sa jeunesse un cœur dur ne l'aura jamais. » Des nobles et des braves qui pensent de la sorte sont aussi éloignés que possible de cette morale qui fait justement consister dans la pitié ou dans le fait d'agir pour autrui, ou dans le *désintéressement (en français dans le texte)* le signe déci-

sif de la moralité...... Les puissants savent honorer ;
c'est là l'art où se déploie leur richesse d'invention.
Respect pour la vieillesse et respect pour la tradition,
double fondement pour eux de tout le droit. Une foi,
une disposition d'esprit qui porte toujours à juger
favorablement les aïeux et défavorahlement les nouvelles générations, voilà un trait typique de la morale
des puissants ; réciproquement, quand on voit les
hommes des « idées modernes » croire presque par
instinct au « Progrès » et à « l'avenir » et manquer de
plus en plus de respect pour l'âge, on a là un signe
bien suffisant de l'origine basse de telles idées.......
Etre capable de longue reconnaissance et de longue
vengeance — à l'égard seulement de ses pairs — et s'en
sentir le devoir ; savoir nuancer le talion, avoir des
idées raffinées en amitié, éprouver une certaine nécessité d'avoir des ennemis (peut-être comme exutoire
aux humeurs d'envie, de dispute, de témérité, et au
fond, pour pouvoir être bien *ami*) : autant de caractères significatifs de la morale noble, laquelle, on l'a
dit, n'est pas la morale des « idées modernes », raison pour laquelle il est difficile de la bien sentir, difficile aussi de la déterrer.

... Il en est tout différemment de l'autre morale, la
morale des esclaves. En supposant que les asservis,
les opprimés, les souffrants, ceux qui ne sont pas

libres, qui sont incertains d'eux-mêmes et fatigués, se
mettent à moraliser, que trouveront-ils de commun dans
leurs appréciations morales? Vraisemblablement s'ex-
primera une défiance pessimiste de la position de
l'homme, peut-être une condamnation de l'homme avec
toute sa situation. Le regard de l'esclave est défavo-
rable aux vertus des puissants : il est sceptique et méfiant, il a la subtilité de la méfiance contre toutes les
« bonnes choses » que les autres vénèrent — il voudrait bien se persuader que le bonheur même là n'est
pas véritable. Par contre il met en avant, en pleine
lumière, les qualités qui servent à adoucir l'existence
de ceux qui souffrent : ici nous voyons honorer la
compassion, la main complaisante et secourable, le
cœur chaud, la patience, l'application, l'humilité, l'a-
mabilité, — car ce sont là les qualités les plus utiles,
et presque les seuls moyens pour alléger le poids de
l'existence. La morale des esclaves est essentiellement
une morale utilitaire. C'est ici le foyer d'origine de
la fameuse antithèse « bon » et « mal » : — c'est
dans le concept mal que l'on fait entrer la puissance
et ce qui est dangereux, quelque chose de formidable, de subtil et de fort qui ne laisse pas approcher
le mépris. D'après la morale des esclaves, c'est le
« méchant » qui inspire la crainte; d'après la morale
des maîtres, c'est justement le « bon » qui l'inspire et

la veut inspirer, tandis que l'homme « mauvais » est
l'objet du mépris. L'opposition des deux principes se
rendra tout à fait sensible si l'on remarque la nuance
de dédain (même léger et bienveillant) qui s'attache
au « bon » selon l'acception de la morale d'esclaves
parce que le « bon » de cette morale c'est l'homme inoffensif, de bonne composition, facile à duper, peut-
être un peu bête, un *bonhomme*. Partout où la morale
d'esclaves a pris le dessus, on observe dans la langue une tendance à rapprocher les mots « bon » et
« bête »... Dernière différence fondamentale : l'aspiration vers la *liberté*, l'instinct pour le bonheur et les
délicatesses du sentiment de liberté appartiennent
aussi nécessairement à la morale et à la moralité des
esclaves que l'art et l'enthousiasme dans la vénéra-
tion et dans le dévouement sont le symptôme régu-
lier d'une manière de penser et d'apprécier aristocratique. (*Jenseits von Gut und Böse*, p. 239.)

VI

La morale des maîtres est positive et créatrice.
Elle fonde les civilisations. La morale des esclaves est négative et subversive. Elle est le principal agent et le grand symptôme des décadences. Nous allons les montrer l'une et l'autre à
l'œuvre.

La morale des maîtres se présente sous deux
aspects bien différents selon qu'on la considère
dans un âge barbare ou dans un âge poli. C'est
dans le premier cas qu'elle est le plus forte, mais
aussi le moins intéressante. Moins des hommes
sont complexes, plus il est facile de les discipli-

ner, de concentrer leûrs énergies en quelques vertus simples et vigoureuses. On pourrait dire que le fonds d'une morale barbare, c'est l'énergie brute, l'énergie pour elle-même.

Mais, à mesure que le développement de la sécurité, du bien-être et des plaisirs, le progrès des connaissances et des arts, une expérience trop longue de la morale elle-même viennent accroître et compliquer le contenu de la conscience humaine, l'homme se dérobe de plus en plus aux prises : il en sait, il en veut, il en rêve trop. L'établissement de disciplines à la fois puissantes et adaptées est alors l'entreprise la plus difficile. Nietzsche remarque que les grandes ou plutôt les grosses systématisations de la morale accréditées aujourd'hui (kantisme, utilitarisme, etc.) se rapportent en fait à une humanité psychologiquement fort rudimentaire (toute théorique et abstraite au surplus), et que tous les vrais éléments de moralité, c'est-à-dire les nuances et les finesses d'appréciation morale, qui se sont développés d'eux-mêmes dans nos civilisations, n'ont rien à voir avec ces lourdes machines. Et il est certain que, si ces fameux doctrinaires des mœurs sont ingénieux, puissants même, puissants à vide, dans la déduction des principes généraux, ils se montrent, Kant notamment, dans l'exposé des préceptes pratiques, d'une lourdeur, d'une vulgarité, d'un ridicule difficiles à accorder avec ce qu'on sait parfois de leur tact personnel.

Le problème pour l'homme moderne ne serait-il pas de 'joindre à sa précieuse complexité l'énergie du barbare? Ce problème ne sera pas résolu par des formules, mais par des individus...

Dans l'âge barbare, la morale en faveur est l'objet d'une foi si prépondérante que les croyances théologiques et les traditions légendaires du peuple se façonnent à son image et selon ses exigences. De là l'invention de ces généalogies qui, en faisant descendre les princes des dieux, divinisent les hautes mœurs elles-mêmes. De là, l'imagination de ces paradis où seules les vertus qui font le chef auront leur récompense, les autres n'étant sans doute que vertus viles. Nous verrons que la morale des esclaves a, elle aussi, ses au-delà... Mais on sent, dès ici, la différence profonde de signification qui existe entre un Walhalla, un paradis scandinave de guerriers, et un paradis juif de misérables. Les cieux des peuples maîtres sont une exaltation de la terre. Ceux des peuples esclaves ont été conçus en haine et en horreur de la terre.

Une morale de barbares est tournée tout entière vers des fins de combat et de conquête. Il est des peuples qui ne sont jamais sortis de l'état barbare, soit que les circonstances ne le leur aient pas permis, soit qu'il y eût dans leur forme propre d'énergie quelque chose de trop épais et de trop court, comme dans le cou d'un taureau. D'autres, plus heureux et mieux doués, ont pu s'épanouir, se donner — parfois sans que la guerre cessât de les harceler — des siècles de jouissance, exercer leur force dans tous les jeux de la civilisation. Ce sont les peuples artistes, peuples de maîtres essentiellement.

Un peuple est artiste quand son élite au moins

n'a plus besoin de théologie, quand il ne lui est
plus nécessaire de s'appuyer sur des autorités sur-
naturelles pour se rester fidèle à lui-même, quand
enfin sa morale lui apparaît suffisamment justifiée
par l'ordre qu'elle met en l'homme, par la logique
et la perfection du type humain qu'elle a formé. Il
y a donc, selon Nietzsche, au sommet de toute
civilisation artiste, un certain athéisme. L'amour
de la perfection et de l'ordonnance pour elles-
mêmes est le sentiment civilisé par excellence.
Dans l'état barbare, la vertu était tendue; elle
était au prix d'une dure et vigilante contrainte,
à laquelle l'imagination donnait quelque chose
de sacré, mais de sombre aussi; maintenant elle
est devenue un jeu (ce qui ne signifie pas une
facilité), une chose belle. La vigilance sur soi,
sans se relâcher, en se faisant même plus minu-
tieuse et plus nuancée, a perdu de sa raideur.
Elle a pris des formes agiles et promptes. Elle
se manifeste par le tact et le goût. Dans les
époques rudes, la morale n'était que joug;
sa force était au prix d'un certain aveuglement.

Mais c'est son plus beau triomphe d'avoir préparé une espèce d'hommes assez finement maîtres d'eux-mêmes, pour qu'elle n'ait plus de très grands dangers à redouter de leur clairvoyance. Génératrice de l'ordre, elle fournit à présent l'aliment de hauts plaisirs intellectuels. Monté fort haut grâce à elle, l'homme prétend jouir de son ascension, affirmer le rapport où il se sent être avec l'univers. Il a acquis, au prix d'une discipline séculaire, l'aisance et la liberté des mouvements, de nobles loisirs. Sa volonté de maîtrise, sans s'affaiblir, se raffine, se tourne vers de plus vains objets. Sa propre harmonie détermine le désir de toute son intelligence et l'objet de ses activités supérieures. Il s'ingénie à trouver entre les éléments de la nature des harmonies subtiles et profondes, et à les représenter dans cette ordonnance idéale. C'est l'origine et la raison d'être de l'art, glorification de l'homme — de l'homme d'une certaine culture — temple que les maîtres d'une civilisation élèvent à leur vertu. Si indépendant que l'art tende à devenir par la suite, si séduisant qu'il se fasse par la richesse de ses perfectionnements et de son éclat propres, si tenté qu'il puisse être un jour de se diviniser lui-même — il ne doit pas oublier sa signification première, sous peine de perdre son point d'attache et sa solidité. L'homme, une certaine sorte de grandeur et de perfection humaines, voilà donc le thème fondamental de l'art, son centre et sa mesure, voilà l'art comme chose de civilisation. L'art est l'épanouissement de la morale, de la morale des maîtres, la fleur qu'elle arrive enfin à produire. Une certaine qualité d'art comme elle est une certaine qualité de morale, au grand sens du mot : un style. Là où un style règne, n'éprouve-t-on pas jusqu'à l'évidence que des maîtres ont passé ?

Toute morale, dit Nietzsche, est, par opposition au *laisser-aller*, une sorte de tyrannie contre la « nature », aussi contre la « raison » : ce n'est cependant pas encore une objection contre elle, si ce n'est que l'on veuille décréter soi-même, de par une autre morale quelconque, que toute espèce de tyrannie et de

déraison sont interdites. L'essentiel et l'inappréciable,
dans toute morale, c'est qu'elle est une longue contrainte; pour comprendre le stoïcisme, ou Port-
Royal, ou le puritanisme, il faut se souvenir de la
contrainte qu'il fallut imposer à toute langue, pour
la faire parvenir à la force et à la liberté, contrainte
métrique, tyrannie de la rime et du rythme. Quelle
peine les poètes et les orateurs de chaque peuple se
sont-ils donnée, — sans excepter certains prosateurs
de nos jours, qui ont dans l'oreille une inflexible conscience, — « pour une absurdité », comme disent de
maladroits utilitaires qui se croient avisés, — « par
soumission à des lois arbitraires, » comme disent les
anarchistes, qui se prétendent ainsi « libres », —
libres-penseurs même! C'est, au contraire, un fait
singulier que tout ce qu'il y a, ou tout ce qu'il y avait
sur terre de liberté, de finesse, de hardiesse, de légèreté, de sûreté magistrale, que ce soit dans la pensée,
ou dans la façon de gouverner, dans la manière de
dire ou de persuader, dans les arts comme dans les
mœurs, ne s'est développé que grâce « à la tyrannie
de ces lois arbitraires. »; et sérieusement, il est très
probable que c'est précisément cela qui est « nature »
et « naturel » — et nullement ce laisser-aller...
Le principal « au ciel et sur la terre », semble-t-il,
pour le dire encore une fois, c'est d'*obéir* longtemps

et dans une même direction : il en résulte toujours à la longue quelque chose pour quoi il vaut la peine de vivre sur terre, par exemple la vertu, l'art, la musique, la raison, l'esprit, — quelque chose qui transfigure, quelque chose de raffiné, de fou et de divin.

(*Par delà le Bien et le Mal*, trad. L. Weiskopf et G. Art, page 104.)

VII

Hostile aux maîtres et jalouse de leur inimitable vertu, la morale servile sera nécessairement ennemie de la civilisation et de l'art qui les glorifient, du style qu'ils ont fondé. Elle n'a rien plus à cœur que de ruiner des palais. Elle n'est pourtant pas le vandalisme. Les Vandales sont des maîtres par leur sauvagerie même, — du moins, de la graine de maîtres. De plus, ce que l'esclave moralement révolté hait et envie, ce n'est pas la richesse et l'éclat extérieur des aristocraties, c'est un bien infiniment plus précieux : leur privilège spirituel, leurs titres humains. Il ne s'agit donc pas, pour lui, de saccager, mais de déprécier, de flétrir. Les révolutions des esclaves par la morale peuvent être

appelées d'immenses entreprises de déconsidé-
ration.

' Les Juifs, écrit Nietzsche, peuple « né pour l'es-
clavage », comme le disent Tacite et tout le monde
antique, « peuple choisi parmi les peuples », comme
ils le disent et le croient eux-mêmes, les Juifs ont
réalisé cette merveille du renversement des valeurs,
grâce à laquelle la vie sur terre, pour quelques
milliers d'années, a pris un attrait nouveau et dangereux : leurs prophètes ont fondu ensemble les termes
« riche », « impie », « méchant », « violent », « sensuel », pour frapper pour la première fois le mot
« monde » à l'effigie de la honte. C'est dans ce renversement des valeurs (dont fait partie l'idée d'em-
ployer le mot « pauvre » comme synonyme de
« saint » et d' « ami ») que réside l'importance du
peuple juif : avec lui commence l'insurrection des
esclaves dans la morale. (*Ibid.*, p. 113.)

On le voit : si Nietzsche se montre épris, jusqu'à un étrange degré de passion qui est son
génie même, de toutes les belles formes d'ordonnance sociale, politique ou esthétique que
l'histoire nous présente et que les esclaves ont

minées, si ces magnifiques réussites lui apparaissent comme le but de la terre, il ne s'ensuit nullement qu'il juge la morale servile sommairement, en grand seigneur, par l'inintelligence hautaine et le dédain. Il dirait presque qu'elle est, des deux, de beaucoup la plus intéressante, la plus tentante pour le psychologue, la plus complexe, la plus riche en nuances. Assurément elle est la plus « intérieure » et la plus intellectuelle; car, au contraire de la morale aristocratique qui recherche le grand jour, modèle l'homme tout entier, se réalise en œuvres brillantes et en gestes harmonieux, celle des esclaves naît et grandit dans le secret des âmes. C'est là qu'elle opère. Son action est invisible. Ses voies sont sombres et souterraines ou, si l'on préfère, spirituelles.

C'est une observation presque banale que rien ne développe chez un homme une intensité plus passionnée de réflexion et de critique, ni de plus obscures puissances de rêverie, que de porter dans une condition servile un orgueil et

des prétentions de maître. La souffrance qu'il
en éprouve ne peut trouver d'adoucissement que
s'il parvient à se représenter son humiliation
comme un scandale. Or, ce résultat suppose
un travail mental qui n'est pas chose simple.
Car, en dehors du fait matériel et des signes
extérieurs de la dépendance, dont on pourrait
se consoler facilement, il y a la supériorité
psychologique que le moins intelligent des
maîtres garde pour les mœurs, pour le discernement rapide et sûr de tout ce qui y touche,
sur le mieux doué des hommes marqués pour
servir. Celui-ci peut l'emporter par tel ou tel
talent particulier; mais il reste chez l'aristocrate
quelque chose d'inimitable, un art très sûr d'as-
signer leur vrai rang aux choses et aux personnes, de les estimer d'un point de vue plus
libre et plus haut que toutes les considérations
d'utilité spéciale et de mérite relatif, d'un pur
point de vue de style et de goût. L'aristocrate
est le dépositaire né des acquêts les plus précieux et les plus impalpables de la civilisation.

On peut être meilleur logicien, meilleur grammairien, meilleur astronome que lui, mais on est un moindre civilisé, on est d'une moindre qualité humaine. C'est cette vérité qui blesse l'esclave : car son propre sentiment l'en avertit de façon bien plus irrécusable et cruelle que le fait — tout matériel — de sa domesticité. Même devenu maître par un bouleversement de l'ordre social, il la reconnaît et en souffre encore. C'est la pointe enfoncée dans son amour-propre dont il brûle de se débarrasser à tout prix. Comment? Il ne peut rivaliser d'aisance, de liberté, d'eurythmie, d'humanité avec les maîtres. Un seul moyen lui reste : convaincre le monde que, dans leur grandeur, les maîtres sont vils et que, dans leur avilissement, les esclaves sont grands, que les apparences mentent, qu'il y a une autre beauté que la beauté visible, d'autres vertus que les vertus triomphantes, une autre gloire que la gloire, une autre force que la force, une autre mesure de la noblesse humaine que celle devant laquelle s'inclinent l'imagination et les

sens, misérablement éblouis. Ainsi la rancune
de l'esclave, sa soif de vengeance et de primauté lui suggèrent cet artifice grandiose : en
appeler de la réalité matérielle et visible à une
réalité invisible et immatérielle. La terre donne
tort aux esclaves. Selon la terre, ils sont impies ;
car les œuvres de la civilisation sont l'ornement
et l'honneur de la terre. Il faudra donc qu'ils
tirent leurs arguments d'ailleurs que de la terre
pour mettre le bon droit de leur côté. Comment
flétrir et déshonorer, dès ici-bas, la superbe et
la puissance des maîtres, si ce n'est au nom
d'une autre vie — non plus passagère, mais
éternelle, dont l'ordre sera le renversement de
l'ordre terrestre et où les déshérités seront les
élus ? Le Paradis et tous les au-delà ont été conçus par la rancune, l'orgueil et la folle espérance
des esclaves.

Arrêtons-nous un instant avec Nietzsche devant cette falsification prodigieuse et songeons

à ce qu'elle implique de ruse, d'ingéniosité raffinée, de moyens sophistiques. Que sont les découvertes d'un Copernic ou d'un Colomb, ces
empires gagnés sur une étendue que les yeux
voient ou que les pieds foulent par des intelligences affamées de réalité, à côté de cette conquête d'un monde invisible et impalpable, de
cette formidable captation et organisation du
néant dans laquelle se lancent des âmes ivres
de souffrances et d'orgueil? Non seulement in-
venter un monde, mais le rendre si croyable que
les cœurs mêmes qui n'en connurent pas le besoin doutent s'il ne serait point vrai et n'y pensent point sans vertige! Persuader à l'homme
que ce monde ne lui est pas étranger, mais qu'il
le porte en lui-même, qu'il y participe par
une immatérielle essence! Plus encore : cet au-
delà, d'où personne pourtant ne revint jamais
annoncer de nouvelles, le célébrer, le glorifier
avec un enthousiasme sans vergogne, avec une
divine impudence! Le parer d'une dignité incom-
parablement supérieure à celle de la terre, afin

de ravaler la terre et tout ce qui est d'elle, par
la comparaison ! Ce n'est rien que de haïr. Et il
n'est pas difficile de crier que la vie est méchante
et diabolique quand on est un vaincu et un man-
qué de la vie ! Mais faire taire sa rancune, étouf-
fer des cris qui seraient un aveu, attireraient le
mépris et le courroux des forts, perdraient à
jamais la cause de l'esclave, et se réserver pour
une vengeance profonde ! Tourner lentement la
civilisation et déposer dans la source où elle s'a-
limente, dans la conscience et l'énergie des maîtres, un poison mortel qui les paralysera : le
souci de l'invisible, la terreur d'être mauvais et
stérile peut-être, là où on se sentait fécond, heureux et juste ! S'élever contre un ordre de grandeur et de justice terrestre qu'on ne peut souffrir (parce qu'il est une insulte sereine à l'in-
discipline et à l'anarchie), non pas d'une façon
sincère, pitoyable et basse, au nom de la vanité
blessée—mais d'une façon doucereuse et sévère,
les yeux levés au ciel, au nom d'un ordre de
justice et de vérité supra-terrestres ! Et pour

cela construire tout un mécanisme d'idées et de démonstrations abstraites d'où découlera la réalité d'un tel ordre et sa supériorité! Voilà qui n'est pas petit! Voilà bien le « génie de la destruction » et le grandiose du travestissement! La vraie révolution des esclaves n'est pas l'œuvre de la violence, mais celle de l'esprit. A ce titre, elle ne peut se produire que dans un état de culture très avancé. Elle suppose derrière soi tout un passé de réflexion et de spéculation.

VIII

Or il se trouve qu'une civilisation artiste est contrainte de procurer l'éducation philosophique des esclaves et de leur mettre ainsi entre les mains l'instrument avec lequel ils la ruineront. Plus elle se perfectionne, plus il lui faut d'hommes qui la servent non pas avec leurs mains, mais avec leur cerveau; plus relevés et plus difficiles sont les services intellectuels dont elle a besoin. Bref, la science—dans la plus grande étendue du mot — devient une fonction indispensable de l'ordre social. Elle est sans doute la première et la plus honorable des fonctions de subordonnés. Mais elle est une fonction de subordonnés. Nietzsche y tient et il ne se dissimule pas qu'une telle proposition est bien faite pour scandaliser une époque où les « savants » règnent et donnent le ton. Elle paraîtra anti-civilisée au premier chef. Ne nous ramène-t-elle pas à ces temps où il ne convenait pas que les rois sussent signer? Mais elle dépend, sans doute, dans la pensée de Nietzsche, d'une vérité plus compréhensive, à savoir : que tout emploi spécial, toute utilité limitée et définissable sont, — en un sens nullement péjoratif du mot, — serviles, c'est-à-dire regardent les serviteurs. Or, les sciences sont des spécialités. Il y faut du génie. Qu'importe? Est spécialité tout emploi de l'intelligence qui ne se rapporte pas immédiatement à la morale, à l'homme. Les maîtres n'ont pas de spécialités parce qu'ils ont la charge des mœurs. Et cette charge devient d'autant plus lourde, demande d'autant plus de finesse et d'énergie que précisément les progrès de l'érudition — en éclairant l'humanité sur l'origine des traditions religieuses ou sociales, menaçent de la rendre impatiente de toute discipline, ou que les conquêtes de l'expérience, en accroissant son empire sur la nature, bouleversent les conditions matérielles de son existence. Car il ne suffit pas que l'utilisation de la vapeur soit découverte ni que des locomotives soient construites. Il faut aussi que ces monstres ne stupéfient pas l'homme par leur énormité, ne le rapetissent pas par leur voisinage, qu'il apprenne au contraire à s'en servir pour être encore plus libre. Voilà ce à quoi les physiciens et les ingénieurs ne songent guère, et c'est, en effet, souci de maîtres. Les maîtres manqueraient donc à leur office essentiel en s'enfermant dans des laboratoires ou des bibliothèques. Comment concilier le devoir d'une attitude modèle avec l'obligation de rester penché sur des cornues et des grimoires ? Et, au surplus, d'où viendrait le dédain unanimement attaché à la qualification de spécialiste, si ce n'est de ce sentiment profond, que le succès, la grandeur même dans une spécialité suppose des vertus ou, si l'on veut, des défauts incompatibles avec une certaine aisance noble de la personne, avec une moralité supérieure ? Notre siècle, qui pousse

jusqu'à l'idolâtrie le culte des grands spécialis-
tes, confesse son propre errement en leur attri-
buant, par une phraséologie creuse, mais bien
significative, je ne sais quel sacerdoce général.

Malheureusement la pratique des hautes spécialités développe un genre d'intelligence qui
menace de se tourner en agent de dissolution et
de ruine, si l'usage n'en est pas modéré, contenu en de justes limites par le sens des mœurs
et par le goût. Elle exige une grande perfection
dans l'art de définir, d'expliquer, de généraliser,
de déduire. Art précieux, mais dangereux, quand
il ne se subordonne à rien, quand il n'est pas
averti de certaines choses sur lesquelles il ne
doit pas entreprendre. Imaginons-nous, dans les
commencements de la statuaire grecque, un pra-
ticien qui, à force d'équarrir des pierres pour
un sculpteur, eût découvert les premiers principes de la géométrie et de la mécanique. Il lui
eût fallu un très sérieux respect, un amour bien
fin de la beauté des Apollons et des Dianes pour
ne pas se croire, par la possession de ces « vé-

rités », bien au-dessus de l'artiste qui les igno-
re, — pour ne pas mettre au premier rang ce
qui est au second. Le grammairien, qui sait
rendre un compte minutieux des merveilles du
langage et en voit le comment, risque d'oublier
qu'il n'a, en comparaison avec le poète, sans qui
ces merveilles ne seraient pas, que des vertus
de domestique. En général, il y a danger que
ceux qui ont pour fonction d'expliquer, de tirer
les conséquences, s'enivrent de leur compétence
spéciale jusqu'à ne plus mesurer l'étendue qui
les sépare de ceux qui créent, qui osent, qui ont
pris et portent les souveraines responsabilités.
Ainsi l'habitude de démêler dans les cas obscurs
les indications de la coutume et de comparer les
droits, donne au juriste, avec une aptitude à la
démonstration et à la justification tout à fait
étrangère aux aristocraties (il n'y a rien de
moins aristocratique que de vouloir toujours
justifier ce qu'on est, ce qu'on fait), une habileté de dialectique par laquelle il peut prouver
l'absurdité des plus beaux usages, d'institutions

glorieuses et en pleine force : jeu de sophistique où il sera tenté de s'essayer, s'il perd de vue ou bien s'il n'est pas apte à goûter la qualité de civilisation dont est dépendante sa mission particulière. Les magistrats de l'ancienne monarchie française, nourris pourtant aux meilleures lettres et à la merveilleuse dialectique de Rome, nous donnent à cet égard un admirable exemple. Grâce à leurs hautes mœurs, ces serviteurs nous font aujourd'hui l'effet de maîtres et, s'ils sont grands par la fermeté et la lucidité de la raison, ils sont uniques par une intelligence bien supérieure à la raison raisonneuse. Quand un homme est rompu au maniement des idées et des mots, il lui faut en effet une éducation du jugement tout à fait rare et en tout cas venue d'autres sources, pour s'attacher fortement à la beauté et à la justice propres d'une institution sociale donnée, et résister aux attraits de cette justice et de cet ordre possibles, qui se laissent si bien déduire de quelques notions absolues prises pour principes. Aristote, qui semble avoir

de son temps réuni toutes les compétences particulières et qui avait, pour ainsi parler, le génie
des principes en toutes choses, est le type le
plus élevé de ce bel équilibre. L'esprit fut assez
fort et surtout assez libre en lui pour modérer
l'esprit et en régler l'usage. La métaphysique
elle-même ne lui fit pas perdre pied et, à la
lumière de l'ordre universel tel qu'il l'imagina,
l'ordonnance de la cité grecque parut plus belle
et plus raisonnable, tant ses plus hautes spécu-
lations en étaient en quelque sorte imprégnées.
Socrate, au contraire, c'est le raisonneur de la
plèbe, le dialecticien effréné dont le génie, privé
de la substantielle nourriture des mœurs, se
grise des idées pures et sème, avec un mélange
d'innocence et de malice, les prémisses de toute
anarchie.

Socrate peut être pris comme le type le plus
imposant de l'idéologue anarchique. La mauvaise
idéologie se produit, quand des esprits originaux
peut-être, mais sans discipline et sans qualité,
se mettent à raisonner abstraitement sur la ma-

tière des mœurs et du goût—à juger de points de vues généraux, ce qui est essentiellement particulier, unique. Elle consiste à réclamer des justifications théoriques de ce qui ne peut se justifier que par la beauté et la saveur de ses fruits. Elle sent la plèbe. Au fond, cette prétention de mettre à tout prix de la raison, de l'absolu dans la morale, a pour fin secrète de ruiner le privilège moral de l'aristocratie. Tout le monde n'est-il pas égal devant la raison, également apte à juger d'une déduction correcte? L'idéologie fait tout le monde juge des mœurs, elle introduit la foule dans les palais.

L'idéologue est un spécialiste débauché, un homme qui, marqué pour quelque fonction intellectuelle dépendante, ne se contenterait pas d'y être supérieur, et se laisse abuser par la puissance de ses facultés mentales jusqu'à n'avoir plus conscience de leur caractère secondaire et servile. C'est un serviteur qui a perdu les mœurs, lesquelles consistent pour lui dans le respect. En cessant de respecter ce qu'il devrait servir, il cesse de se respecter lui-même comme servant. Il prend honte de lui-même. Par là il devient esclave. Et il conçoit le grand dessein de vengeance des esclaves. Désormais, sa force de raisonnement ne va plus s'exercer sur des questions utiles et subordonnées, mais sur toutes questions humaines et divines. Sa passion de généraliser ne connaîtra plus de bornes. Il devient le grand réclameur de titres et de pourquoi, l'homme de la raison pure, le maniaque de l'idée, de l'absolu.

Telle est la « mentalité » servile. Merveilleux instrument pour les desseins de l'esclave contre la civilisation. Des cœurs blessés par tout ce qui a formé sous le soleil se trouvent en complicité merveilleuse avec des cerveaux qui ne se représentent plus le vrai que dans l'abstraction de l'idée. Cette alliance d'une sensibilité offensée par la terre et douloureusement avide du néant de l'au-delà, avec une intelligence dépersonnalisée, coupée de toute communication avec les sens, l'énergie, le corps — engendre la folie de l' « Esprit pur ». L'esprit pur ! écoutez bien ces mots, l'invention la plus raffinée de l'esclave — ces mots qui ont plus fait pour la ruine de la cité antique, que la torche du barbare. Écoutez-les en psychologue, et percevez tout ce qu'ils étouffent de pâle haine sous leur inoffensive apparence de préciosité métaphysique! La morale 'des esclaves, c'est la revanche de l'Esprit pur.

« La révolution des esclaves dans la morale, écrit Nietzsche, commence *lorsque le ressentiment devient créateur* ».

Qu'elle condamne la méchanceté des royaumes de la terre au nom d'un royaume de Dieu destiné à se réaliser, à recueillir tous les bons, tous les purs à la fin des temps, ou seulement au nom d'un ordre idéal de justice inscrit dans la conscience humaine — en d'autres termes, qu'elle s'enveloppe de mythologie ou de philosophie, la morale servile ne change pas de méthode. Sa visée est la même. Son procédé aussi. Il consiste toujours à falsifier des faits, à en dénaturer la couleur et la signification par des dénominations abstraites et métaphysiques. De la sorte, tout ce dont l'esclave souffre ou est impatient — et au premier chef sa qualité servile — se trouve transformé en scandale pour le cœur et la raison, apparaît comme une insulte à Dieu lui-même. En même temps les ressentiments et les vœux de l'esclave se dépouillent de leur caractère sombre et jaloux pour recevoir une auréole de désintéressement et de religion. Ils n'expriment plus la soif de vengeance de l'être indiscipliné et faible, irrité par le sentiment de sa propre anarchie et par ce manque d'aisance, de liberté, de souveraineté intérieure qui l'exclut des sommets lumineux de la civilisation. Ils deviennent la sublime inspiration de l'homme pieux dont les regards dépassent les courts horizons de la cité terrestre et se lèvent vers une éternelle justice.

Le servile s'appelle l' « Opprimé »; opprimé, il l'est, en effet, de la pire façon, parce qu'il se sent vil et se hait lui-même, parce qu'il ne s'estime pas assez pour servir sans un sentiment de déchéance. Mais voyez l'effet redoutable de cette majuscule, de ce grand mot isolé, de ce silence sur la cause et le genre de l'oppression! Il semble que la responsabilité en retombe sur la terre entière et qu'il ne faudrait pas moins qu'un bouleversement total pour y mettre fin. — L'Opprimé est le Juste. Et la hiérarchie non pas seulement formelle et sociale, mais plus encore réelle et psychologique d'où sa condition résulte : — l'Iniquité. — De misérables timidités, de sottes innocences, des impuissances niaises, se promeuvent à une céleste dignité et se haussent à je ne sais quel état de pureté transcendante sous le nom d'Idéal?

Cette résolution dans l'action, qui naît de la certitude qu'on agit droit, qu'on sait ce qu'on veut et qu'on le payera ce qu'il faut, est rabaissée au niveau de la simple brutalité sous le nom de Force. Dans la bouche de l'esclave (qui ne comprendra jamais que toute force créatrice est force sur soi-même d'abord, est morale), ce mot devient une injure. A cette abstraction, on oppose cette autre : le Droit. Mais ce droit devient lui-même entre certaines mains une force, toute négative, il est vrai, et décourageuse des entreprises de l'Energie. Enfin, comme tout ce qui offense l'esclave a son principe dans les différences que la nature indique, mais que l'effort dur et artiste, la discipline sévère des privilégiés, va accentuant et légitimant sans cesse entre les individus, les peuples et les races — la morale servile s'est élevée jusqu'à l'idée d'on ne sait quelle essence pure et absolue de l'Homme, présente dans le plus humble comme dans le plus glorieux, au regard de laquelle toutes les humaines inégalités apparaissent comme autant d'absurdités et de vivants blasphèmes. Ce fut jadis l'Homme fils de Dieu, c'est aujourd'hui l'Homme-citoyen de la Révolution.

Ce n'est donc pas par des violences destructives, mais en falsifiant les idées, en corrompant les intelligences, que la philosophie servile travaille à ses fins. Elle est, en ce genre, d'une fécondité et d'une ampleur d'invention singulières. A toute conception, à tout sentiment particulier et caractérisé d'ordre politique ou social, d'hon-

neur et de dignité privée, de beauté artistique,
elle s'efforce de substituer des notions univer-
selles qui, en se faisant accepter de tous les
hommes demi-réfléchis, de la majorité, par
les airs de grandeur qu'elles ont incontestable-
ment pour elles, et les apparences de vérité absolue qu'elles doivent à leur abstraction même,
amènent à mépriser, comme œuvres de la con-
vention et de l'arbitraire, jusqu'aux plus magnifiques formes de civilisation, de sociabilité et
d'art qui aient brillé dans l'histoire et les rend
surtout impuissants à en rêver, à en chérir de
nouvelles. Admirable façon de dévoyer et de
griser les esprits et les cœurs que de leur tendre
ainsi l'appât de l'absolu. Merveilleux moyen de
stériliser les activités que de les lancer à la
poursuite de l'inattingible. La philosophie servile semble n'élever l'homme au-dessus de tout
idéal borné de nation ou de race que pour lui
ouvrir des horizons illimités. Elle lui fait prendre
en dégoût les devoirs, les enthousiasmes, les points
d'honneur, les maximes de civisme et de loyalis-

me, les sensibilités artistes, toutes ces marques intérieures de noblesse qui, comme Athénien, Romain ou Français, le distinguaient du barbare et de la plèbe. Elle le persuade qu'il ne relève raisonnablement que de Dieu et de la nature. Par là, elle donne une valeur mystique à tout le monde. Méfiante et haineuse, en général, de toute ordonnance, de toute norme, de tout style, il faut qu'elle aille jusqu'au bout de son dessein, et glorifie l'amorphe, lui constitue une dignité. Elle le nomme l' « Infini ». Comment résister au vertige de l'Infini? Ennemie du Temps, — du Temps qui, par la rapidité de sa fuite, donne la fièvre aux forts, les stimule à des créations durables — elle gagne la pensée de l'homme à l'illusion d'une réalité qui ne passerait point, et l'immobilise dans le souci de l'Eternel...

L'Eternel, l'Infini, l'Intemporel, l'Impersonnel, images grandioses et vides, que la philosophie servile fait miroiter sur le gouffre du rien. La révolution des esclaves soulève, par-

dessus les palais de la civilisation, une poussière qui empêche d'en discerner les belles
lignes. Dans cette poussière, la philosophie des
esclaves dessine de monstrueux et fuyants fantômes, divinités gigantesques du néant.

Il y a un art qui correspond à cette philosophie : le Romantisme. L'art classique est l'art des maîtres.

Négatrice et contemptrice de la Terre, on a vu de quels dehors la philosophie servile pare son nihilisme, et on comprend la séduction qu'elle doit exercer sur l'élite des générations de décadence. Il semble qu'elle représente, en toute question, la thèse libre et généreuse, qu'elle ne ruine les cités particulières que pour rendre possible une cité humaine universelle, qu'elle fasse passer sur les décombres des civilisations le vent purificateur de la Nature. Elle met la foi et l'ardeur de son côté. Elle éveille des espérances obscures, mais énormes. Elle annonce de

grands commencements. En détachant la partie
pensante des peuples de toute discipline, de
toute tradition, on dirait qu'elle ramène l'humanité à la fraîcheur des origines. Elle est une
source de lyrisme. Elle suscite ses poètes et ses
prophètes, lesquels, affranchis de toute loi particulière de tenue et de beauté dans leurs imaginations, en éprouvent tout d'abord une impression de libération et de rajeunissement. Le romantisme naît de l'enthousiasme provoqué par
les idéaux vides, mais grandioses, de la philosophie servile chez des hommes dont c'est l'ardent
et secret besoin d'échapper, à tout prix, au sentiment cruel de la décadence qui, par eux, s'ac-
complit.

Le premier romantique, c'est Rousseau, celui
des génies modernes en qui la morale des esclaves a atteint son plus haut degré d'ébullition.
Chez Rousseau on surprend le passage des rancunes et des sensibilités de l'esclave à l'idéologie
qui va les magnifier en dogmes, en vérités de raison et de sentiment. Il y a de la malice dans

Rousseau, malgré qu'il s'enivrât tout le premier des fumées de cette transmutation. Après Rousseau, les romantiques se plongent et nagent innocemment dans l'océan de la Nature, de l'Infini, de l'Universel, de l'Originaire. Ils n'ont plus le caractère équivoque et sombre de leur père, si soupçonneux parce qu'il prêtait lui-même à tant de soupçon. Sont-ils cependant si naïfs et si purs? Vigny, par exemple, dans sa tour d'ivoire? Il y aurait une jolie psychologie, une fine classification des grands romantiques à faire, d'après ce qui s'est mêlé à leur religieuse inspiration d'anarchique amertume, d'esprit de vengeance contre les formes ordonnées et les bonnes mœurs. Nietzsche souligne ce trait commun à la plupart d'entre eux : l'affectation de sentiments grandioses, l'impudeur à s'attribuer de sublimes émotions. Signe de natures sans mœurs et que le sentiment d'en manquer fait souffrir, enfièvre.

Dans la morale des maîtres, nous l'avons vu, les vertus exigées de l'homme se rapportent à une fin « désintéressée » éminemment, mais concrète et particulière. C'est, par exemple, à Rome, la grandeur et la pérennité de la cité romaine. Rien n'est plus étranger à cette morale que l'idée d'un Homme absolu, d'une nature humaine absolue.

Or, ceci se laisse exactement appliquer à l'art. Dans un art de civilisation — un art classique — il est aussi des mœurs, à savoir : les règles dans lesquelles l'expérience de plusieurs générations d'artistes a, non pas du tout donné les moyens de bien faire, mais fortement tracé les limites en delà desquelles on ne saurait rien produire d'excellent, de solide. Ce sont les grandes formes épiques, dramatiques, lyriques, narratives (pour nous en tenir aux arts littéraires) qu'elle a patiemment construites, découvertes au prix de ses errements mêmes, pour l'usage de siècles plus heureux. Quand ces règles et ces formes règnent, le mérite d'un artiste est jugé, non selon la fidélité, mais selon l'aisance avec laquelle il les observe et les réduit

au service de son génie propre. L'idée d'une
« inspiration » personnelle, sortant de la nature
toute armée comme une Minerve, c'est-à-dire
capable de se créer par une espèce de coup divin
tout un organisme de moyens d'expression adap-
tés et puissants, ou seulement empruntant plus
à soi-même qu'à la tradition — cette idée (bien
romantique, n'est-il pas vrai?) eût paru en des
temps classiques non seulement un scandale,
mais une chimère.

Le fond du classicisme, c'est que, si les règles
ne valent rien sans le génie, il y a cependant en
elles plus de génie que dans le plus grand génie.
Ce trait ne montre-t-il pas bien que l'excellence
dans l'art est de même nature que l'excellence
dans les mœurs? Quand celles-ci ne correspon-
dent plus aux âmes, tout ce qui y paraît encore
de noblesse et de liberté n'est sans doute que
formalisme. Et cependant il y a plus de moralité
dans la tradition des mœurs que dans l'instinct
individuel de la plus belle âme.

Les vrais créateurs d'art sont ceux chez qui

l'esprit des grandes formes esthétiques atteint son plus haut degré de conscience et de puissance. Gœthe lui-même, que l'on vit adopter successivement la forme du drame shakespearien et celle de la tragédie grecque, souffrit de l'errance, de l'incertitude perpétuelle à quoi l'absence de hauts canons esthétiques valables pour son temps et son pays le condamnaient dans sa production. Son expérience lui fournissait la substance de chaque œuvre. Mais qu'est la substance sans l'ordre qui la met en valeur, la rend claire et majestueuse, l'amplifie jusqu'à une portée universelle ? Il était contraint d'essayer, de recréer artificiellement les formes d'ordonnance d'une autre humanité, de se faire grec. Ainsi dans une époque sans traditions, certains hommes peuvent souffrir de ce qu'il n'existe rien de grand pour élever leurs activités à une signification supérieure. Ils se sentent diminués d'être des intelligences « livrées à elles-mêmes ».

« Ce seront toujours, dit Nietzsche, les natures fortes, dominatrices qui, sous ce joug, dans cette tenue et cet achèvement résultant d'une loi qu'on s'impose à soi-même, éprouveront leurs plus fines jouissances ; la passion qui anime leur très puissante volonté éprouve un soulagement à la vue de toute nature soumise à un style, de toute nature domptée et faite servante ; même lorsqu'ils ont à construire des palais ou à établir des jardins, il leur répugne de donner à la nature libre carrière. — Réciproquement, ce sont les caractères faibles, non maîtres d'eux-mêmes, qui haïssent la tenue du style ; ils sentent que si ce joug si méchant leur était imposé, il ne pourrait que les rendre vils ; ils deviennent esclaves dès qu'ils servent, ils haïssent de servir. De tels esprits — ce peuvent être des esprits de premier rang — n'ont qu'une visée : de se modeler et de se donner à comprendre eux-mêmes et ce qui les entoure, comme *libre Nature* — sauvages, sans règles, fantasques, hors de tout ordre, étonnants... » (*Die fröhliche Wissenschaft*, p. 220.)

Dans les siècles classiques, une œuvre d'art

est d'autant plus goûtée qu'elle unit à une plus
impeccable pratique, à une science plus profonde des ordonnances traditionnelles, plus de
liberté, de jeunesse, d'imprévu, de fraîcheur.
Cela est d'une psychologie très sage. Car, à supposer que les règles qui résultent d'une telle
exigence soient un peu lourdes et oppressives,
on n'en est que mieux assuré, à voir un génie
les porter légèrement, qu'il est plein de force et
de ressources. Mais en fait les formes classiques
sont des œuvres d'art générales d'un peuple
artiste. Elles signifient les diverses sortes d'ar-
rangement sous lesquelles l'intelligence et les
sens de son élite se plaisent le plus à embrasser
un sujet et en sont le plus capables. La séduction
d'un chef-d'œuvre classique, c'est donc bien
moins de nous révéler une personnalité nouvelle
ou un sujet nouveau que de nous faire retrou-
ver plaisir à la majesté, à la grâce, aux mystères
aussi d'un ordre maintes fois, mais toujours
diversement éprouvé. Le romantisme est, en
principe du moins, la négation de toute forme

consacrée. A y regarder de près, on verrait qu'il n'a été le plus souvent qu'un usage effronté et chaotique de tous les styles du passé à la fois.

Se croyant ou se rêvant d'ailleurs sortie directement des entrailles de la nature, l'œuvre d'art romantique sera condamnée, par une conséquence évidente, à chercher l'intérêt dans la nouveauté absolue. Par quoi donc pourra-t-elle être si nouvelle? Par le sujet tout d'abord. Trait caractéristique du romantisme : la poursuite de sujets extraordinaires, de cas inouïs, laquelle a pour aboutissant extrême la frénésie de l'anormal.

Mais entre les sujets extraordinaires, il en est un qui les dépasse tous, le sujet des sujets, le sujet sans fond et sans bornes. Comment le nommer? Dieu, si l'on veut, l'Infini, l'Univers, la nature tout entière de l'alpha à l'oméga. Fils de la nature et de la nature seule, nouveau-nés de l'Infini, les grands artistes romantiques ne se sont pas proposé une moindre matière. Celle-là seule les a hantés, toute autre leur apparaissant trop inférieure à ce qu'ils portent en eux. —

Avons-nous besoin de montrer que, bien qu'unique (puisqu'elle enveloppe tout), elle est inépuisable et assure inévitablement l'originalité ?

On voit par quelle pente le romantisme, fruit d'une mauvaise métaphysique, inclinait à accaparer pour l'art l'objet de la métaphysique et de la religion, à nous donner un art théogonique, cosmogonique, à inonder l'époque moderne de conceptions du monde et de révélations, le tout — en raison de l'arrière-pensée qu'on a comprise et qui apparaît presque brutalement chez Rousseau, — pour aboutir à quelque mythologie sociale, à quelque idéalisation énorme de la morale des esclaves. Cette phraséologie aujourd'hui courante : que l'art, la philosophie, la religion expriment la même chose et accomplissent le même office en trois langues différentes, est pur romantisme. Pour de véritables artistes, l'art est l'art, et rien d'autre.

Dans le classicisme, les règles, signifiant les conditions sous lesquelles le public peut être artistiquement touché, imposent à l'expression une certaine tenue; elles la resserrent dans certaines limites en dehors desquelles celle-ci peut émouvoir encore et très fortement même, mais non plus esthétiquement. Il est donc permis de dire que les règles indiquent la qualité de l'effet à produire, du plaisir à procurer, et, de plus, qu'elles la mettent à très haut prix. Mais le romantisme est, par définition, complètement désorienté à cet égard. Il en résulte qu'il visera non plus à la qualité, mais à la quantité, au maximum de l'effet. Et, s'il y atteint, ce sera fort bien. Mais il reste à savoir, dit quelque part Nietzsche, sur qui cet effet s'exerce et sur qui un artiste de ce nom doit avoir cure d'en exercer. « Pas sur la foule assurément ! Ni sur les énervés, les dégénérés, les malades! Surtout pas sur les abrutis! »

L'art véritable agit fortement, mais sans violence; il a la décence dans l'enthousiasme; il a la clairvoyance et l'équilibre dans l'ivresse; il saisit, il terrifie, mais sans oppresser physiquement; il a l'élan, mais sans la frénésie; le

charme caressant et voluptuenx ne lui est certes
pas interdit, mais il l'enveloppe de je ne sais
quelle majesté brillante; il reste clair et serein
jusque dans l'orageux et le passionné, suave
jusque dans le cruel. Les larmes qu'il fait couler
sont des larmes du cœur. Et c'est par là qu'il
est l'art. — Dans le romantisme, le délicieux devient l'aphrodisiaque, le cruel devient le hideux ;
la terreur coupe la respiration, l'enthousiasme
et l'ivresse tournent à l'hystérie; on appelle
noble et majestueux le mastodontal. Ce n'est
pas bien admirable, dira-t-on. Il suffit de forcer
la dose! Justement; mais cela même n'est pas à
la portée de tout le monde. Forcer la dose ! Qui
s'y entendit mieux que Richard Wagner, ce suprême de toutes les sortes de romantisme?

« Fanatique de l'effet à tout prix », de l'intense pour l'intense — il y a un danger auquel
ne pouvait échapper le romantisme. Et il s'y est
précipité avec une ardeur croissante. Ce danger
c'était de chercher à provoquer l'émotion par
l'abus des moyens matériels de l'art, de s'adres-

ser violemment aux sens dans la crainte que la
pensée et le cœur ne « rendissent » pas assez.
On arrive à ses fins comme on peut. L'art classique fait pleurer quand il est vraiment grand :
mais ces larmes sont un mystère ; la communication qui nous est accordée avec le beau se
passe à une altitude où nous n'avons pas l'habitude d'être. Elle va immédiatement et *par en
haut* au plus intime de nous-mêmes. Si elle
ébranle nos nerfs, c'est secondairement. L'art
finit où la secousse nerveuse commence. Mais
ne comprend-on pas quel degré de civilisation, quelles nobles mœurs de l'âme ce genre
d'action suppose? — Il est d'autres voies pour
accéder au « moral » de l'homme ; ce sont les
yeux, les oreilles, l'épiderme. Le romantisme
les a pratiquées timidement, et non sans réserve au début, d'une façon de plus en plus
exclusive à mesure qu'il prenait conscience de
lui-même et qu'il entrait dans la faveur du
siècle : c'est-à-dire qu'il est allé raffinant sans
cesse sur les appâts sensuels et la splendeur phy-

sique du mot, de la couleur et du son, jusqu'à faire de la jouissance d'art une espèce de jouissance de tout le corps à la fois, ce que vous observerez fort bien chez les « wagnériens » et « wagnériennes ». De cette façon il est évident que l'art « prend » les âmes, mais en les stupéfiant par un vertige sensuel.

Conclusion singulière, mais d'ailleurs bien prévue pour le psychologue! Religieux, métaphysique dans l'intention, l'art romantique est grossièrement matérialiste dans l'expression! Ce Dieu romantique, cet Infini équivoque ne serait-il pas quelque chose comme la somme de toutes les excitations nerveuses?

Ces traits originaires du romantisme, il resterait à les vérifier sur ses plus grands représentants au xıxᵉ siècle, de Hugo à Wagner. Mais on comprend le principe. Il achèvera de se préciser par les lignes suivantes, capables aussi bien de couronner toute cette étude, car elles en rappellent le thème fondamental.

« Qu'est-ce que le romantisme? écrit Nietzsche.

Tout art, toute philosophie peuvent être considérés comme un secours, un remède réparateur qui s'offre à une vie en croissance et en lutte : ils supposent toujours de la souffrance et des souffrants. Mais il y a deux sortes de souffrants : tout d'abord ceux qui souffrent d'une *surabondance de vie* et qui veulent un art dionysiaque et aussi une vue tragique de la vie ; — puis, ceux qui souffrent d'un appauvrissement de la vie, et qui par l'art ou la connaissance ne cherchent que repos, accalmie, délivrance d'eux-mêmes, ou bien encore l'ivresse, le spasme, l'étourdissement, la folie. Au double besoin de ces derniers correspond tout romantisme dans les arts et la philosophie... » (*Die fröhliche Wissenschaft.*)

XI

La critique de Nietzsche s'est répandue en huit
gros volumes sur tous les sujets qui intéressent
la philosophie sociale, la morale et l'esthétique.
On jugera peut-être que l'intérêt du présent
écrit est d'en avoir un peu systématisé les principes inspirateurs.

Nietzsche avait coutume d'écrire ou par apho-
rismes ou par grands développements séparés et
formant chacun un tout. Ses ouvrages sont moins
des traités distincts que l'assemblage de toutes
ses pensées d'une année, d'une période. C'était,
je crois, son goût, sa manière naturelle de concevoir. Une maladie des yeux persistante, en
l'obligeant à dicter, lui fit une nécessité de ce
mode de composition. On en sait les avantages :

c'est la spontanéité entière, la flamme continue
de l'accent et la faculté pour le lecteur de prendre
et quitter le livre. Nietzsche se met, pour ainsi
dire, tout entier dans chaque page. Mais aussi
il est indispensable de ne pas rester perdu dans
cette forêt de théories et de sentences. Nous
avons essayé d'en dessiner les grandes avenues
et les carrefours.

Nous avons interprété notre auteur un peu à
la manière dont les historiens anciens faisaient
parler leurs personnages, en s'attachant à l'esprit et aux intentions plutôt qu'au texte. Méthode qui nous était imposée pour le raccourci
que nous voulions obtenir et qui peut tourner
parfois à une fidélité plus profonde.

FIN

Mars 1897.

APPENDICE

Des trois morceaux donnés dans cet appendice :

Le premier : *Nietzsche en France*, est la reproduc-
tion d'un article que nous eûmes l'occasion d'écrire
pour la *Revue encyclopédique Larousse* sur la position de Nietzsche par rapport à l'esprit français.

Le second : *Sur la Hiérarchie*, est moins le développement d'une idée nietzschéenne qu'un correctif
attique et français (un correctif dans le sens de l'humanité, de la cordialité générale et de la bienveil-
lance) dont nous crûmes devoir tempérer la doctrine
de Nietzsche sur la hiérarchie dans la société. Doctrine
juste dans ses principes, mais exprimée parfois avec
une impatience rogue, une brutalité tout allemande.
Hiérarchie, oui, certes ! mais avec la bonhomie des
mœurs.

Le troisième est une simple note sur l'impertinente méthode de critique historique de Nietzsche comparée avec la consciencieuse et lourde objectivité des exégètes et philologues germaniques.

I

NIETZSCHE EN FRANCE

Il y a longtemps que le nom de Nietzsche circule en France. A peine commence-t-on à se douter de ce qu'il signifie. L'excellent livre de M. Lichtenberger (*la Philosophie de Nietzsche*), en excitant la curiosité de quelques « intellectuels », avait eu aussi ce mérite de couper coùrt à des légendes et à des travestissements fabuleux, dont profitait l'instinctive hostilité de beaucoup d'autres. Mais il était nécessaire qu'une bonne traduction achevât d'ouvrir aux Français l'accès d'une doctrine vraisemblablement destinée à obtenir chez eux tant de sympathie. Cette tâche a été entreprise par M. Henri Albert, avec le concours de la société du *Mercure de France*. M. H. Albert et ses collaborateurs font parler à Nietzsche un excellent et brillant français.

Nietzsche est sans conteste le plus grand(1), j'allais écrire l'unique prosateur de son pays. Le premier, il a introduit dans la prose allemande cette perfection, ce serré — (signes essentiels de la maturité philosophique d'une nation) — qui règnent depuis plus de trois siècles dans la prose française et en ont fait pendant ce temps la bonne école, jamais impunément négligée, de l'esprit européen. Voilà, sans doute, la cause la plus certaine du succès réservé à Nietzsche en France : son style. Au fond, prose ou poésie, musique même, c'est la grande vertu intellectuelle du Français de n'entendre que ce qui est bien écrit, et, entre les mille formes du mal écrire, de répugner surtout au mou, au traînant, au diffus, à cette germanique lenteur, faite de conscience intellectuelle autant que de paresse musculaire, qui s'épand sans cesse et de tous côtés, pour ne se ramasser jamais complètement. Nietzsche a resserré la prose allemande. Il l'a passée au feu. Il l'a desséchée de tous les éléments aqueux qui, jusque chez Gœthe, la rendent flasque. Il est souverainement clair. Comment ne serait-il pas clair et tout au grand jour, cet ennemi de toutes les profondeurs illusoires, cet inquisiteur des souterrains

(1) C'est trop dire. Réservons Lessing.

mystiques de la conscience? S'il n'y avait pas d'écrivain allemand qui exigeât de son interprète dans une langue étrangère plus de supériorité, il n'y en avait pas non plus qui se prêtât à être traduit dans la nôtre avec plus de bonheur.

I

Nietzsche est un grand admirateur et, à bien des égards, un disciple de l'esprit français. Il le comprend. Ce trait seul suffirait non seulement pour le rapprocher de nous, mais pour faire de lui une rareté, un vivant paradoxe ou, comme il aimait à le dire, un « contresens parmi ses compatriotes ». Les Allemands ont pourtant de grandes prétentions à l'objectivité. Parmi les vertus intellectuelles dont ils s'honorent, ils mettent au premier rang cette native aptitude à entrer en communion avec le génie et les idées des époques et des races les plus diverses. Mais on ne voit vraiment pas qu'à l'exception de trois ou quatre (ainsi le grand Frédéric, Gœthe, Schopenhauer) ils aient jamais su apprécier, ni même discerner ce qu'il y a de plus significatif et de plus inimitable dans notre littérature. Si ces facultés de divination et de sympathie leur permettent de participer aux visions, aux rêves, aux sentiments d'une humanité encore en enfance, de lire dans l'éclosion de la poésie populaire, dans le mystère des traditions et des crédulités naissantes, de ressentir avec force tout ce qui peint l'inconscient, l'aspiration nostalgique et confuse — ils se montrent certes beaucoup moins connaisseurs quand il s'agit de goûter aux fruits d'or, aux inventions délicates et inutiles d'une civilisation achevée.

Nous autres, hommes du « sens historique », nous avons comme tels nos vertus, ce n'est pas contestable. Nous sommes sans prétention, desintéressés, modestes, courageux, pleinement capables de nous dominer nous-mêmes, de nous donner, très reconnaissants, très patients, très accueillants. Avec tout cela, nous n'avons peut-être pas beaucoup de goût. Avouons-nous le en fin de compte : ce qui nous est le plus difficile à saisir, à sentir, à savourer, à aimer, ce qui, au fond, nous trouve prévenus et presque hostiles, nous, hommes du sens historique, c'est précisément le point de perfection, de maturité dernière dans toute culture et tout art, la marque propre d'aristocratie dans les œuvres et les hommes, leur heure de mer lisse, d'alcyonique contentement, l'éclat d'or, brillant et froid qui apparaît sur toute chose achevée. Peut-être y a-t-il nécessairement une opposition entre cette grande vertu et le bon, tout au moins le meilleur goût. » (*Jenseits von Gut und Böse*, p. 178.)

Il y a donc des terres choisies où les Allemands ont été, tant par leurs qualités que par leurs défauts, empêchés d'entrer. A partir d'une certaine hauteur, la littérature française leur reste close. En ce siècle notamment, s'ils l'ont connue, fêtée tout ensemble et méprisée, dans ses gros articles de colportage, d'Alexandre Dumas père à Sardou, ils en ont totalement ignoré les produits fins.

En vingt endroits de ses écrits, Nietzsche a donné de notre littérature, ou plutôt de ce qu'il y sent de purement français, une caractéristique très curieuse dans la forme, très éliminatrice et élective, au fond très raisonnable. Il la trouve avant tout aristocratique. Du moins ce mot résume-t-il assez bien les qualités qu'il en signale comme les plus précieuses. Et il ne s'agit pas seulement de ce fait banal, que, depuis la Pléiade, nos grands écrivains n'ont été populaires ni par le langage ni par le choix des sujets. Nietzsche veut dire qu'ils ne se sont proposé d'autre matière à exprimer, à représenter sans cesse sous des aspects nouveaux et rajeunis, que celle qui ferait l'unique curiosité d'un aristocrate très intelligent, d'un homme d'entière liberté d'esprit et de goût suprême, vivant dans une société très policée, à une époque de paix publique.

Qu'est-ce qui pourrait intéresser ce personnage de choix et l'amuser à la vie? Ce ne serait pas l'énigme de la destinée humaine ni les questions théologiques, puisqu'on l'a dit homme de goût. Ce ne seraient pas non plus les problèmes de la morale, puisqu'il existe sans doute quelque très vieille religion qui a depuis longtemps défini le bien et le mal d'une façon suffisamment en accord avec les sensibilités naturelles de la nation. Ce ne seraient pas enfin les questions de sociologie transcendante ni les rêves de justice idéale, puisque le régime en vigueur est conforme aux principes vrais et que c'est affaire à de très bons ministres, à de très bons commis (le grand seigneur que nous avons imaginé en est un peut-être), d'en tirer tout le parti possible pour le bien du peuple. Toutes choses étant ainsi dans l'ordre, — dans ce vide métaphysique et cette disette de « hauts sujets » de méditation qui remplirait d'effroi un Allemand ou un idéologue et leur ferait souhaiter la mort, quel objet reste donc à cet esprit sensible et passionné peut-être, mais toujours lucide et modéré, pour exercer sa perspicacité et sa rêverie? Un seul : l'homme, non pas des bois et des cavernes, mais civilisé (correctif qu'il n'y avait pas besoin d'ajouter avant Rousseau), la nature humaine, telle que l'ont, non pas modifiée ou déformée, mais bien plutôt dégagée et presque créée, en faisant des instincts les sentiments et les goûts, en raffinant, compliquant, intériorisant les passions, en les rendant dangereuses et pathétiques par la morale, plusieurs siècles de vie nationale et de sociabilité progressive. — N'est-ce pas là l'unique thème de tous les bons livres français, de ceux qui ne pouvaient être écrits qu'en France? De là leur caractère à la fois réaliste et choisi; ils sont aussi exempts d'idéalisme que de vulgarité, deux choses parfois assez proches d'ailleurs. Née à l'aurore de la plus belle et longtemps la seule civilisation moderne (le signe le plus certain d'un beau moment de civilisation, n'est-il pas une certaine parenté profonde, je ne sais quel grand air commun entre les plus hautes et les plus originales intelligences?), la littérature française n'est empreinte à aucun degré des agitations de conscience d'une époque ou d'une race en travail de quelque chose, en quête d'un « idéal », c'est-à-dire souffrante. Elle est toute vouée à une œuvre de luxe et de loisir :

la peinture, la philosophie des passions. C'est en ce
sens que « l'art pour l'art » est sa maxime fondamentale. Mais les passions n'étant belles que par les mœurs,
disons que cette littérature a des mœurs. Elle n'est
pas utilitaire, ce qui signifie ni religieuse, ni morali-
satrice, ni patriotique. Elle est assez dédaigneuse du
« sujet »; le prestige de la grosse aventure, plus encore celui des arrière-pensées métaphysiques ou cos-
miques lui sont inutiles. Pour captiver et plaire, elle a
de plus fins moyens : la particularité discrète de la
vision, le dire sobre, ingénieux et neuf. Enfin, elle est
la seule littérature moderne qui eût pu être comprise
par des hommes de tous les temps.

Quand on lit Montaigne, la Rochefoucauld, La Bruyère,
Fontenelle (particulièrement dans les *Dialogues des morts*),
Vauvenargues, Chamfort, on est plus près de l'antiquité
qu'avec n'importe quel groupe de six auteurs d'un autre
peuple... Leurs livres s'élèvent par-dessus les vicissitudes
du goût national et de ces couleurs philosophiques dont
scintille et doit scintiller, pour devenir célèbre, tout livre
d'aujourd'hui ; ils contiennent plus de pensées réelles que
tous les livres des philosophes allemands ensemble, des
pensées de cette espèce... qui fait que ce sont des pensées,
et que je suis embarrassé pour définir ; il suffit, je vois en
eux des auteurs qui n'ont pas écrit pour des enfants ni

pour des enthousiastes, ni pour des vierges ni pour des
chrétiens, ni pour des Allemands ni pour... me voilà
encore embarrassé pour finir ma liste. Mais voici une
louange bien intelligible : écrits en grec, ils auraient
aussi été compris par des Grecs. Combien, au contraire,
un Platon lui-même aurait-il pu comprendre des écrits de
nos meilleurs penseurs allemands, par exemple de Gœthe et
de Schopenhauer ! pour ne rien dire de la répugnance que
lui eût inspirée leur façon d'écrire... Gœthe, comme penseur, a plus volontiers étreint le nuage qu'on ne le souhai-
terait. Et quant à Schopenhauer, ce n'est pas impunément
que son esprit se meut parmi des allégories des choses,
non parmi les choses elles-mêmes. Quelle clarté, quelle
charmante décision, au contraire, chez ces Français ! Voilà
un art que les plus fins d'oreille parmi les Grecs eussent
pu fêter. Et il est une chose qu'ils eussent vue avec éton-
nement et adorée, la malice française de l'expression.
(*Menschliches, Allzumenschliches*, Band II, p. 310.)

Je n'ai pas besoin de prévenir le lecteur que, parmi
tous nos écrivains du xixe siècle, un très petit nombre
continuent la tradition de l'art français, sont français au goût de Nietzsche. La Révolution et le Romantisme n'ont pas renversé, comme on le prétend,
mais corrompu la sensibilité et l'imagination en
France. Ce ne sont pas des produits nationaux, mais
plutôt les dérèglements et les gestes fous d'une nation

fine et nerveuse, intoxiquée par le pesant alcool d'idées étrangères à demi barbares. Tout ce qui, dans les lettres, en procède, même grandiose, est frelaté, même génial, est de mauvais goût, se force et ment. Il faut suivre dans la monumentale cohue de nos génies littéraires depuis Rousseau, parmi les piliers de stuc colossaux, surchargés, vaniteux, emphatiques, dont l'énormité assemble la foule, la voie de marbre pur et solide, autrefois royale, aujourd'hui délaissée et presque secrète, mais où l'on est du moins assuré de cheminer avec les meilleurs. « Il y a une France du goût, dit Nietzsche; mais il faut savoir la trouver. » Et ailleurs : « Il y a toujours eu en France le « petit nombre » et cela a rendu possible une *musique de chambre* de la littérature qu'on chercherait vainement dans le reste de l'Europe », enfin une littérature de purs psychologues. De tous nos modernes, ne devine-t-on pas que le préféré de Nietzsche ne pouvait être que Stendhal, ce Stendhal dont l'Allemagne hier encore ignorait jusqu'au nom !

II

Ces vues de Nietzsche sur la littérature française et la vocation intellectuelle des Français sont éparses dans cent endroits de son œuvre. Il n'en est pas de plus caractéristiques de son tour de pensée. Quel accueil trouveront-elles en France? Y seront-elles comprises comme un paradoxe ou comme une leçon qui vient à son heure? Ne nous livrons pas au jeu des prévisions. Le lecteur nous saura sans doute beaucoup meilleur gré, après lui avoir fait connaître quelque chose des jugements de Nietzsche sur l'originalité et les traits inimitables de notre nation, de lui présenter les plus significatives des opinions émises sur Nietzsche du côté français, l'état de notre critique à l'égard du nietzschéisme. Il n'est pas brillant. La gloire de Nietzsche en France aura eu des commencements assez piteux.

Je ne sais pas dans quelle gazette — « grand journal » ou « revue jeune », — Nietzsche fut mentionné pour la première fois. Mais je connais le nom d'un des premiers admirateurs français de son génie : Taine. Nietzsche avait adressé à celui qu'il proclamait

« le premier des historiens vivants » un exemplaire de *Par delà le Bien et le Mal.* Et sans doute il eut lieu de se sentir compris. Car il pria Taine de le mettre en relation avec une personne capable de traduire ses livres et d'initier un peu le public. Taine recommanda à Nietzsche un homme de lettres qui fait connaître aux lecteurs de quelques périodiques importants les nouveautés philosophiques. Une correspondance s'établit entre Nietzsche et son futur interprète; elle doit être bien curieuse; un jour ce dernier reçoit une lettre où l'auteur de *Zarathustra* lui révèle qu'il est le Christ et qu'il a été le monde. La même communication avait été faite en même temps à George Brandès, le célèbre critique danois, et aux plus notoires amis que Nietzsche croyait compter en Europe. Nietzsche était devenu fou. Il y a quelque temps, on a pu lire au rez-de-chaussée d'un grand journal le lamentable document, suivi à peu près de ce commentaire : « Voilà le personnage dont on fait à présent tant de bruit .» Enfin les propos de Zarathustra devenaient intelligibles : ils sont d'un paralytique général !

L'idée qu'on s'est faite de Nietzsche pendant les dix ou douze années qui séparent la première apparition

de son nom dans nos journaux des premiers propos
sérieux publiés sur son compte, fut généralement
celle de l'anarchiste et du nihiliste le plus forcené.
C'est fort curieux. Non seulement Nietzsche n'est
pas du tout ce personnage. Mais il en est l'extrême,
le violent antipode. D'une aussi étrange méprise je
vois plusieurs causes. La principale, c'est la haine
de Nietzsche contre le christianisme. Pour beaucoup de personnes sans instruction (et notamment
pour les anarchistes), christianisme, gouvernement,
ordre public, code pénal, code militaire, gendar-
merie, tout cela ne fait qu'un. Qui ruine l'un ébranle
l'autre. Une revue « libertaire », que je crois être —
sans pouvoir l'affirmer — *l'Humanité nouvelle*,
paraissant alors sous un autre nom, donna la traduction de *l'Antechrist*. Elle prenait l'auteur pour
un des siens.

Deux écrivains considérables ont adopté fort déci-
dément cette interprétation de Nietzsche et fait ce
qu'ils pouvaient pour la propager. Auteur d'un très
beau livre sur le Lied en Allemagne et des premiers
jugements raisonnables publiés en France sur Richard
Wagner, M. Edouard Schuré ne pouvait manquer
de dire son mot sur le grand adversaire du wagné-

risme. Il l'a fait avec plus de passion que de clairvoyance. Idéaliste et mystique — très noblement
d'ailleurs — romantique également, aussi enclin à
croire à toutes les mythologies de la « conscience »
et du sentiment que scandalisé, je le crains, par
des dieux de marbre — on ne pouvait attendre de
M. Schuré une sereine appréciation. Il a traité Nietzsche un peu comme les polémistes cléricaux faisaient
Renan, après *la Vie de Jésus*. Ces quelques lignes
donneront l'idée de sa thèse :

Il y a dans la vie de certaines âmes de brusques volte-
face où, prises d'une haine violente contre l'objet de leur
culte, elles brûlent ce qu'elles ont adoré et adorent ce
qu'elles ont brûlé. En pareil cas, l'idole renversée n'est
qu'une occasion qui fait éclater la vraie nature et jaillir
du fond de l'homme l'ange ou le démon. Il y a eu un de
ces points tournants dans la vie intime de Nietzsche; ce
fut sa rupture avec Richard Wagner. A partir de ce moment, la maladie de l'orgueil qui couvait en lui se déve-
loppa en proportions gigantesques pour le conduire à un
athéisme féroce et jusqu'au suicide intellectuel. (« L'in-
dividualisme et l'anarchisme en littérature », *Revue des
Deux-Mondes*, 15 août 1895, p. 777.)

Que Nietzsche ait pu être sincèrement désanchanté
du caractère, des idées et de la musique de Wagner,

et cela pour des raisons qui tiennent à la délicatesse
de sa nature morale, à la hauteur de sa philosophie
et à la perfection de son esthétique, M. Schuré n'y
songe pas un instant. Ce fut une apostasie. Elle étei-
gnit chez Nietzsche « toute la lumière de la sympathie ». Et elle l'entraîna de chute en chute jusqu'au
crime.

Ce n'est pas impunément qu'on jette l'anathème aux maîtres auxquels on doit son'initiation et ce n'est pas impunément qu'on maudit ses dieux. A partir de ce moment, Nietzsche entre dans un désert d'où il ne sortira plus et qu'il
peuplera tantôt des rêves ardents de son orgueil, tantôt
des fantômes troubleurs de sa mauvaise conscience. Il
avoue lui-même sa peur... (*Ibid.*)

Cet athéisme, cette férocité, ce sentiment d'universelle haine que M. Schuré explique par la rupture de
Nietzsche avec Wagner, certain professeur d'univer-
sité allemande les attribue à une rupture aussi, mais
différente. Nietzsche, pendant son service militaire,
tomba assez malheureusement de cheval et se brisa
la clavicule. Cet accident l'empêcha de devenir offi-
cier de réserve. Il en ressentit un désespoir et une
fureur qui allèrent jusqu'à la frénésie.

Mais le véritable et trop spirituel inventeur du

« nihilisme » de Nietzsche, c'est M. T. de Wyzewa.
« Vous prêtez... *finement* vos qualités aux autres! »
Dans la *Revue Bleue* du 1er novembre 1891, M. de
Wyzewa a publié un article sur *Nietzsche, le dernier métaphysicien allemand.* Voilà une erreur :
la pensée de Nietzsche tend à dissoudre toute métaphysique. Je m'empresse d'ajouter que ce n'est
pas, comme il est arrivé trop de fois, à Kant entre
autres, par des arguments qui font ou qui laissent
passer une nouvelle métaphysique. Selon Nietzsche, ce
sont précisément les métaphysiciens qui, par leur labeur
à construire un monde idéal et leur zèle à y faire croire,
montrent tout ce qu'il peut y avoir au cœur de l'homme
de crainte et de méfiance du réel et donnent l'exemple
le plus certain, mais d'ailleurs le plus hypocrite, du
nihilisme. En fait, l'auteur de *Zarathustra* est beaucoup plus voisin de La Rochefoucauld et de Stendhal
que de Hegel. M. de Wyzewa simplifie en ces termes
la philosophie de Nietzsche : « Au commencement
était le non-sens et le non-sens venait de Dieu et le
non-sens fut Dieu. » Ce résumé ne s'accorde guère
avec la grande estime que M. de Wyzewa professe
pour les opinions littéraires de Nietzsche, « tout à fait
contraires, dit-il, au génie allemand et conformes au

genie français ». Il a connu Nietzsche à Bayreuth et
l'impression qui lui en est restée est celle d'un
« étrange personnage » — d'un « chat de gouttières ».
— Mais il sera beaucoup pardonné à M. de Wyzewa
à cause de cette phrase : « J'ai trouvé dans Nietzsche
la meilleure histoire de la musique qui soit. » Avis à
nos musicographes.

J'ai hâte d'arriver aux seuls travaux vraiment
sérieux dont Nietzsche ait été l'objet en France. Le
livre de M. Henri Lichtenberger, auquel j'ai fait allu-
sion, se recommande à toutes les personnes désireuses
de connaître cette philosophie et cette personnalité,
encore énigmatiques, autrement que par des carica-
tures ou des apologies. Il est substantiel et clair,
inspiré par une sympathie très loyale pour le maître
qui pouvait dire : « Je ne sens pas en moi une seule
goutte de sang malpropre, » en même temps qu'em-
preint de la plus fine réserve. M. Lichtenberger
expose dans toute sa force et son âpreté la pensée de
Nietzsche, mais comme en l'interprétant tacitement
par une sagesse plus calme, ce qui rend son exposi-
tion agréable et vivante et fait son livre personnel. J'y critiquerais peut-être une tendance à isoler
Nietzsche, à nous le donner comme une nature très

particulière, bien plutôt que comme fauteur d'un mouvement général de pensée. Sans doute, Nietzsche est plus exceptionnel encore qu'on ne saurait le dire. Et ceci devrait refroidir un peu la jactance « nietzschéenne » de quelques très jeunes gens, pareils, eux, à beaucoup d'autres. Mais on peut penser que cette extrême personnalité a seulement permis à Nietzsche de donner un tour très vif et très surprenant à des idées déjà mûres, attendues en Europe. M. Lichtenberger ne redoute, d'ailleurs, nullement l'influence de ce « professeur d'énergie » qui, chose assez rare parmi ses confrères, fut une très belle âme. Je crois même qu'il fait des vœux sages et modérés pour que cette influence s'exerce.

(Revue encyclopédique, 6 janvier 1900.)

Dans cette brève nomenclature nous ne prétendions pas du tout donner une bibliographie, mais relever, pour leur curieuse signification, quelques-uns des premiers jugements émis sur Nietzsche en France.

Depuis notre article, a paru (*Revue hebdomadaire* du 23 mars 1901) l'étude déjà mentionnée de M. Jules de Gaultier sur le *Sens de la Hiérarchie* chez Nietzsche. En dépit d'un titre qui semble en restreindre l'objet, mais en réalité s'attaque à l'idée centrale, cette étude est la meilleure clef du nietzschéisme que nous ayons. Ce travail est trop plein, trop abondant en formules décisives pour que nous le gâtions par une analyse, forcément sommaire. Signalons seulement que, dans une conclusion dont la force logique atteint au pathétique, M. de Gaultier, après avoir observé que conservateurs et révolutionnaires « voudraient également tirer à eux cette pensée nouvelle et en fortifier leur point de vue », s'applique à préciser l'attitude de Nietzsche à l'égard des uns et des autres. On se dispute Nietzsche en effet. Ne nous parlera-t-on pas bientôt d'un Nietzsche anarchiste et fauteur de tous les excès ? Nous l'avons interprété dans un sens conservateur. Les explications de M. de Gaultier montreront jusqu'à quel point nous y étions fondé.

II

SUR LA HIÉRARCHIE

Les Grecs considéraient la cité comme une œuvre
de raison et comme une œuvre d'art. Non pas que
l'utopie les séduisît. Athènes n'eût jamais pris au
sérieux ces vains plans d'organisation sociale, déduits
de quelque idéal tout formé, de logique et de justice
absolues, qui en imposent si facilement aux modernes. Dans ces phalanstères, dans ces imaginaires
Salentes où notre naïveté est trop disposée à reconnaître, sinon l'effort d'une puissante raison construc-
tive, tout au moins le rêve d'un cœur généreux, loya-
lement humain, ces naturalistes n'auraient pu voir
que les aberrations pauvrement fastueuses d'intelligences disqualifiées, perverties par l'isolement ou

par la révolte. Platon lui-même — cet Hellène pourtant équivoque, à moitié gâté par l'Asie — mêle à l'idéalité de ses constructions un fort ingrédient de réalisme.

On sait comment, dans sa République, la raide et chimérique géométrie du communisme d'État est corrigée par le principe d'une hiérarchie sociale fondée sur l'inégalité des hommes. En même temps qu'harmonieuse et complaisante à l'ordonnance, la conception politique des Grecs était donc positive et conforme à la nature. Ils se représentaient la cité parfaite à l'image d'un corps humain vigoureux et beau. Ces deux sortes d'économies leur paraissaient avantageusement comparables. L'existence du corps de l'État dépendait à leurs yeux de la même condition essentielle que l'existence de l'organisme vivant : savoir, une hiérarchie de fonctions internes, égales en nécessité, mais non pas en dignité. Platon dit que, dans la république, les magistrats et les philosophes sont la tête, les guerriers le cœur, les artisans et les laboureurs le ventre. Or, si l'activité du ventre et des viscères s'emploie toute à la conservation de la vie physique, il n'en est pas de même de l'activité de la tête, organe noble, dont une bonne partie est préle-

vée par la pensée, l'art, la philosophie, fonctions de
luxe et de loisir. Les parties viles de l'organisme
travaillent donc à la fois et pour le bien-être du
tout — d'où dépend le leur propre — et pour les
plaisirs spéciaux des parties supérieures. A ce dévouement nécessaire les premières ne perdent rien,
car, incapables de subsister et de se régler par elles
seules, elles ont besoin de l'harmonie générale, laquelle serait évidemment compromise si l'organe diri-
geant, sentant se tarir la source de sa nourriture, de-
venait inquiet et fiévreux. Pléthorique, le cerveau ne
pense guère, mais, émacié, il pense mal, il a des visions. Ainsi sa bonne alimentation importe au corps tout
entier. Les Grecs comprirent à merveille l'unité de la
matière et de l'esprit dans la nature humaine. En faisant de l'âme la « forme » du corps, Aristote marque la
relation étroite de la pensée, de sa qualité, de ses modes
avec l'individualité physique; l'âme n'est pas un principe absolu, toujours identique à lui-même, mais un
certain degré de liberté, de sagesse, de clairvoyance, de
générosité, de bonheur, qui caractérise chaque homme
et que le tact apprécie. Doctrine souverainement naturelle, à égale distance d'un matérialisme pesant et de
la folie chrétienne de l'Esprit pur, de l'Esprit néant,

Il n'y aurait qu'à appliquer d'aussi heureuses intuitions de la réalité humaine au problème de l'Etat pour concevoir, comme par enchantement, l'harmonie profonde qui existe entre les fins d'utilité générale dont le souci s'impose primordialement au politique, et les fins de civilisation supérieure, de perfectionnement humain, dont il a l'amour.

Nietzsche a plusieurs fois écrit qu'un peuple, une race — à les considérer matériellement, comme suite de générations, foison d'anonymes, — ne sont que la matière gâchée par la nature, en travail de trois ou quatre grands hommes. Peut-être cette vue trahit-elle chez ce classique et cet athée qu'est Nietzsche un reste de romantisme et d'esprit religieux, un goût de sang, de victimes et la manie de la justification. Pourquoi les grandes âmes, les royales intelligences, les sociétés choisies, où s'entretient la fête des délicates et belles mœurs, ne seraient-elles pas la parure d'une nation qui ne s'est pas sacrifiée, mais a trouvé son profit à les produire? C'est encore une idée d'Aristote que le plaisir résulte d'une activité conforme à la nature, ou plutôt qu'il s'y ajoute comme à la vigueur de l'adolescence sa fleur. On pourrait dire pareillement que, dans la cité, le beau s'ajoute de lui-

10

même à l'utile. Quand la prospérité et l'ordre publics sont assurés par la collaboration suffisamment bénévole de tous, quand chaque citoyen, ayant, pour ainsi parler, le naturel de sa fonction, ne peut que trouver normal et juste un état de choses qui, en l'y bornant sagement, l'y contient et l'y protège, alors il est permis à quelques esprits de jouir, alors il a y place au sommet de la cité pour l'art et pour la philosophie. Que si, au contraire, par le fait d'une politique ou chimérique ou pas assez observatrice, un désaccord général arrive à régner entre les opinions, c'est-à-dire, au fond, entre les caractères et les conditions, si l'inquiétude publique assure d'avance du crédit aux premiers plans venus de réforme sociale ou morale et rend l'heure propice aux prophètes, aux détenteurs de vérité absolue, dans ce cas l'état de désintéressement nécessaire pour la création de la beauté et pour un usage épicurien de la pensée ne se réalisera qu'à grand'peine. Les hommes les plus ingénieux, les plus nettement marqués pour une vocation de luxe, resteront sans emploi. Idéalistes peut-être, mais idéalistes avisés, — faut-il dire ironiques? — les Grecs trouvaient à un ordre politique fondé sur la hiérarchie naturelle des hommes ce double avantage de procurer le bien-être général et de permettre à une élite les plaisirs de la contemplation.

Cette doctrine est assurément aristocratique, mais non pas au sens féroce ou dédaigneux. Une politique aussi soucieuse de ne demander à chaque citoyen qu'une activité en harmonie avec son naturel et, par une évidente conséquence, de lui assurer la conservation d'un naturel en harmonie avec le genre d'activité dont il est capable, une telle politique mérite le nom d'humaine et de bienveillante. Elle semble autrement apte à procurer la plus grande somme possible de bonheur public qu'un système de gouvernement qui prétendrait appliquer à la conduite des hommes quelque conception idéale et conjecturale de l'humanité. Sans doute, elle sanctionne des privilèges; ou plutôt elle définit des compétences, pareillement nécessaires, bien qu'inégalement précieuses. Mais où prend-on que des privilèges ne soient que des plaisirs et non des charges? C'est une désignation fort onéreuse que celle qui nous distingue publiquement, légalement, comme des êtres mieux nés que d'autres, c'est-à-dire comme les maîtres de la générosité, de la magnanimité, de la bravoure, de la hauteur de cœur, de la maîtrise de soi-même, des belles façons.

Mais la vérité est que, dans cette République, dont rêvaient les penseurs grecs et qui n'était utopique peut-être que pour ne pas tenir assez compte de l'utopie, de l'élément démagogique et visionnaire, tout était magistère et privilège. A chaque spécialité de fonctions correspondait psychologiquement le monopole de certaines vertus. Chaque classe sociale se distinguait par des traits non seulement matériels, mais moraux, humains. Il faut bien dire ce qui dans toute conception aristocratique et traditionnelle offense le plus les démocrates modernes : ce n'est pas précisément le principe de l'inégalité politique, mais plutôt la franchise à reconnaître le fondement de l'inégalité politique là où seulement il réside : dans les inégalités naturelles.

Ils voudraient que celles-ci fussent niées — effrontément — et que la cité, impuissante sans doute à faire passer tout le monde par les plus hautes charges, proclamât tout au moins une sorte d'égalité métaphysique, spirituelle, entre les hommes, la pareille valeur de toutes les consciences, de toutes les âmes. Obligés de renoncer pratiquement à la folie de leurs vœux puérils, ils admettraient à la rigueur que toutes les fonctions ne fussent pas l'objet des mêmes honneurs, mais à la condition que chacun fût admis au même titre à se prononcer sur la religion et sur la morale. Or, de toutes les prérogatives possibles, il n'en est pas, justement, dont une répartition aveugle, une concession indiscrète, menacât l'État et la civilisation de plus de dangers.

Plutôt prétendre tous les citoyens aptes de naissance à tailler dans le marbre un bel Apollon que de les faire indistinctement libres juges du juste et de l'injuste, du bien et du mal, du fondement des mœurs, des origines de l'autorité et de la mission de la patrie. Souveraines questions réservées à moins de personnes encore que la sculpture et la musique, objet d'une plus précieuse espèce de compétence !

Un État où il n'y aurait que des premiers ministres serait moins exposé à la dissolution et à l'anarchie qu'un État dont tous les membres seraient augures ou pythonisses, interprètes des dieux. Car les dieux ont toujours ressemblé singulièrement aux âmes qui parlent sous leur inspiration. Et il n'est pas vrai que toutes les âmes soient égales. Il ne l'est pas davantage qu'une société organisée ait jamais pu se passer de dieux. Pas de pouvoir public qui n'ait tiré de quelque divinité son principal moyen de prestige et de gouver-

nement : divinités de marbre et d'or, divinités de
pain azyme, divinités de bois... ou divinités de
mots.

Mais l'existence d'une hiérarchie sociale ne se jus-
tifie pas seulement par l'intérêt politique et l'intérêt
matériel de la nation considérée comme un tout. Elle
est nécessaire à la santé et à la beauté de l'espèce
humaine. Elle profite à la dignité des individus de
tout rang, je dis : du peuple non moins que de l'aristocratie. Le régime de la distinction des classes peut
seul faire atteindre à la généralité des citoyens leur
maximum de valeur morale et d'intelligence. Celui
de l'égalité universelle les mène au dévergondage. En
obligeant toujours le premier venu à manifester des
opinions sur les intérêts les plus généraux de la civilisation et de l'Etat, il lui fait une loi de la sottise.
Quoi de plus ruineux pour nous-mêmes que des
devoirs ou des prétentions supérieurs à la sphère de
compétence visiblement circonscrite par notre naturel? Cette immodestie nous rend nuisibles à l'ordre
public, comme sont tous les mal assurés, tous les
agités. Mais surtout elle nous défigure; elle dépense
en creuses paroles, en gestes impuissants et mal ordon-
nés, une activité qui, concentrée sur des objets adé-

quats, eût enfanté quelque chose. Troubler tous les hommes avec des soucis qui ne laissent de sang-froid que des têtes exceptionnellement averties! Le dogme fondamental de l'égalitarisme, c'est que si tous n'ont pas la science, tous ont l'inspiration. Verrons-nous jamais la réalisation de ce sombre rêve : les ouvriers de Paris penchant sur leur verre de vin des visages assombris par quelque folle espérance millé-naire! Mais quand même le rôle d'hiérophantes, de révélateurs du droit et la justice, des origines et des fins dernières, resterait en fait réservé à quelques docteurs professionnels, manieurs de mots, la farce ajoutée à l'histoire par le triomphe du dogme égali-taire n'en serait pas moins scandaleuse, car la foule s'assemblerait autour des prophètes, en qui elle se reconnaîtrait; c'est d'elle qu'ils tireraient leur auto-rité. Or ce qui importe pour la qualité des produits de la « conscience » humaine, c'est de savoir s'ils seront jugés d'en haut ou d'en bas. Otez au peuple les clar-tés sûres et apaisantes que les traditions, l'antique reli-gion du pays lui fournissent sur l'ordre social et ses fondements, et persuadez-le que l'esprit de vérité souffle en lui comme le vent dans les forêts vierges, vous le vouez aux visions, au délire. Quels seront

alors ses maîtres? Ceux qui lui offriront son image
enorgueillie, des âmes sans mesure qui, sentant
comme ces masses égarées, mais avec une impudeur,
une fièvre extraordinaires, avec une horrible naïveté,
moralement débraillées jusqu'à l'innocence et jusqu'au génie, lui parleront la voix de Dieu. Ainsi
libéré, le peuple s'appelle plèbe.

Les Grecs avaient horreur d'une plèbe. Mais ils
ne voulaient pas un peuple de fellahs. Ils pensaient
à des forgerons sains et de forte humeur, parleurs,
libres entre eux, respectables par leur maîtrise et
leur marteau, remplis de proverbes et de malice, sûrs
de leurs opinions morales et se sachant seuls juges
de la conduite des filles et des femmes de leur état.
Du moins, ces traits peignent-ils assez l'idée d'un
Français de bonne race qui a beaucoup de bienveil-
lance à mettre d'accord avec sa raison politique. Il
n'importe que dans cet aperçu de la belle cité grecque nous nous soyons soucié d'autre chose que d'exactitude textuelle et ayons enrichi de quelques finesses
psychologiques la construction aérée d'Aristote.
Nous montrons ici que la hiérarchie des classes est
une condition nécessaire de la sagesse du peuple, non
pas seulement de celle qui tranquillise, pour un temps

au moins, le pouvoir central, mais de celle-là plus encore dont le peuple lui-même jouit et peut tirer fierté. Il faut voir dans les dialogues de Platon avec quel sérieux ces jeunes gens délimitent le domaine du potier et du corroyeur et l'y déclarent maître. « Qui est bon estimateur d'un vase ? demandent-ils. — Le potier habile. — Et de la chorégraphie ? — Le maître à danser. — Qui est bon interprète des dieux ? — Les prêtres et les augures ? — A qui donc, ô mon fils, dirons-nous qu'il appartienne de juger des mœurs, de la religion et de l'ordre de la cité ? — Aux meilleurs, ô Socrate (οἱ ἄριστοι), aux véridiques (οἱ ἀληθέοι), aux hommes bien nés qui ont l'âme belle (καλοκαγαθοί). Ainsi leur parole concise sculpte en passant de belles et solides figures de maîtres artisans. Des foules d'hommes de peu de saillie individuelle se trouvent parés de dignité, leur impersonnalité même devient une sorte de grandeur.

III

LA MÉTHODE DE NIETZSCHE

La découverte du principe d'anarchie et de décom-
position qui se cache dans tout ce que l'Europe du
xix⁰ siècle divinise fut l'événement décisif de la
vie intellectuelle de Nietzsche et lui révéla sa méthode. En apprenant à juger son temps, il acquérait
du même coup d'extraordinaires clartés sur le passé
moral de l'humanité. En se détachant des objets
de foi, d'enthousiasme, de prosélytisme que lui
proposait la clameur quasi-unanime des « élites »
modernes, et que sa candeur avait généreusement
adoptés tout d'abord, il n'avait pu s'empêcher de
comprendre que ces sublimes menteries n'étaient
pas un accident isolé de l'histoire et que ces impos-
tures de l'idéal satisfont à quelque nécessité de

la nature humaine. Il avait mis la main sur des instincts et des procédés de falsification morale dissi-
mulés au plus secret de l'homme et que la critique
libre certes, mais superficielle et peu imaginative du
xviii⁰ siècle, de Voltaire, ne soupçonne point. Il avait
pénétré plus avant que personne dans l'officine où se
fabriquent les dieux. Et il en rapportait la nausée.
Mais les dieux que démasque ce nouvel Evehmère ne
sont pas des dieux de marbre, de bois ou même de
pain azyme, souvent beaux, gracieux, ceux-ci, en
tout cas utiles à l'ordre des sociétés. C'en sont d'autres, équivoques et troubles, divinités toutes « spirituelles » et « intérieures », abstractions ou sensibilités
divinisées, amorphes et nuageuses idoles de l'esprit,
telles qu'en répandit la prédication de Socrate sous
le ciel de Grèce, telles qu'en adorent aujourd'hui tant
d' « athées » et d' « hommes de lumière ».

La critique nietzschéenne n'est donc pas l'application d'un système. Elle procède tout entière de
l'expérience d'un psychologue.

Il y a, si l'on veut, en ce domaine des idées philosophiques et des croyances religieuses, trois façons de
critique. — La première consiste à rapporter les
conceptions d'une époque ancienne ou d'une autre

humanité aux problèmes métaphysiques, politiques, sociaux, dont nous sommes ou nous imaginons être nous-mêmes préoccupés. Elle suppose donc que ces problèmes ont quelque chose de permanent, qu'ils sont fondés dans la nature de l'esprit humain ou dans la nature des choses, alors qu'en réalité la plupart ne tiennent leur existence que de façons de parler, d'abstractions propres à une langue, peut-être à un quart de siècle. La pauvreté d'une telle méthode, qui fut celle de l'école cousinienne, n'est pas à souligner. Elle est aujourd'hui dédaignée unanimement.

Est-elle très inférieure à celle qu'on lui oppose avec orgueil, que Renan célébrait comme une des plus importantes conquêtes du siècle, tout en ayant trop d'humour et de génie personnel pour la prendre tout à fait au sérieux, comme un Allemand?

La première exigence de celle-ci, c'est un détachement complet de nous-mêmes, un abandon au moins momentané de nos habitudes de pensée et de sentiment, condition nécessaire, prétend-on, pour comprendre des philosophes, des rêveurs, des fondateurs de culte, morts il y a cinquante ou deux mille ans. De ce point de vue toute conception de Dieu, de l'univers, des fins de l'homme et de la société, qui a pu s'organiser et prévaloir à un moment de l'histoire est considérée comme dépendante d'un état d'esprit particulier, unique, qui en porterait le germe, le principe immanent et fatal. L'ambition du critique, ce sera de s'approprier, de revivre le plus intimement possible cet état d'esprit, générateur spontané des religions. Méthode fameuse où les Allemands sont maîtres et dont on ne remarque pas assez la dangereuse naïveté! En nous demandant de nous perdre de toute la force de notre imagination dans l'inspiration mère d'une croyance ou d'un système, elle nous ôte d'avance toute possibilité de critique, elle nous interdit toute méfiance à l'égard de cette inspiration même. Elle préjuge l'absolue sincérité. Préjugé respectable! Sans doute, il était trop facile de dire que les dieux furent inventés par l'astuce des rois et des prêtres pour tromper les peuples et les enchaîner. Mais entre cette sorte de menterie trop droite assurément, trop franche pour réussir, et cette sincérité pure quasi organique et impersonnelle, aussi exempte d'arrière-pensées que le vent qui souffle, la plante qui pousse ou la brute qui se reproduit, n'y a-t-il vraiment rien? N'y a-t-il pas dans l'âme humaine mille modes intermédiaires entre le pur mensonge et cette fabuleuse ingénuité? Au fond les admirateurs de la méthode objective croient follement à l'Esprit Saint. Superstition pour superstition, il est beaucoup moins fort de croire que l'Esprit Saint ait dicté un livre, un texte particulier, que de trouver quelque chose de divin dans toutes les rêveries des races humaines sur l'au-delà et les destinées dernières. Il en est de si tristes, de si misérables!

Reste une troisième méthode. Nietzsche ne l'a pas inventée. Il l'a définie et pratiquée avec plus de décision que personne. Elle dépend de ce principe de philosophie naturelle: que toutes les fonctions de l'être vivant sont nécessairement au service de sa volonté de vivre et que celle-ci, chez l'homme, a autant d'influence sur la pensée que sur l'estomac. En d'autres termes, Nietzsche nie que l'esprit puisse apporter du « désintéressement » dans la représentation qu'il se fait des réalités métaphysiques. Car pour ce qui est des lois de la nature ou des vérités mathématiques, il est certain que nous ne pouvons nous représenter selon notre fantaisie, de la chaleur qui contracte, du froid qui dilate ou « deux et deux font cinq » — notre conservation y fût-elle intéressée, hypothèse d'ailleurs absurde. La liberté de concevoir et de construire

n'existe pour nous qu'à l'égard d'objets inaccessibles
soit à l'expérience, soit à une forme rigoureuse de
raisonnement. L'homme est le fabricateur de ses dieux
et de ses « idéaux ». Mais comment les fabrique-t-il?
Rendons attentives au principe de la critique nietzschéenne toutes les personnes qui écrivent ou pensent
« Esprit » avec une majuscule, qui ont coutume de
parler de l'esprit comme d'une puissance surnaturelle
ou d'un stupéfiant, qui ne peuvent en entendre prononcer le nom sans un réflexe d'émotion religieuse
ou de gravité. Qu'elles remarquent l'impie frivolité
de ce principe et se donnent à cette occasion les plaisirs du mépris!

Un rédacteur du *Charivari* expliquant sommairement la vertueuse indignation d'un vieillard contre
les images érotiques, par l'âge et par les rancunes de
la frigidité, nous fournit un exemple, très grossier
évidemment, mais palpable, de la façon dont Nietzsche
comprend la formation de déités dans les âmes.

Cette transmutation artificieuse d'une impuissance
en vertu lui paraît le ressort fondamental des inventions religieuses des hommes. C'est le fond même,
d'après lui, de l'illusionnisme religieux et métaphysique. Les peuples, les races et d'ailleurs les individus

— en cela même qu'ils se choisissent pour objets d'a-
doration, se donnent éminemment à connaître — et
souvent en de telles parties qu'ils souhaiteraient le
moins qu'on discernât.

Il ne s'agit pas évidemment des dieux dans les
attributs et le culte desquels se reconnaissent les
arrangements d'une sage politique ou d'une aimable
poésie, mais de ceux qui sont nés des entrailles de
l'homme et qui ne donnent de satisfaction qu'au
« sentiment religieux intérieur ».

On a pu voir, dans notre exposé de la « philosophie
des esclaves », comment ces derniers s'ourdissent,
d'après Nietzsche, en vue de cette fin secrète : Justifier
ou mieux, glorifier, auréoler des manières d'être qui,
sans cette métaphysique adultérée, humilieraient
comme des marques de mauvaise naissance.

En voilà assez pour montrer qu'on se trompe en
mettant Nietzsche à la suite des philosophes allemands du xixe siècle. Il est, autant qu'Allemand peut
l'être, de l'ordre de la Rochefoucauld, de Chamfort,
non pas de l'ordre de Kant ou de Hegel. Psychologue avant tout, non pas psychologue d'école, ce qui
peut aller avec beaucoup de lourdeur et de naïveté,
mais de flair et de race, psychologue comme un

grand seigneur, dont une vaste culture littéraire et philologique, sans lui rien faire perdre de sa supériorité naturelle sur le commun et sur le cuistre, aurait beaucoup étendu l'horizon intellectuel.

11

TABLE

Avertissement..................................... 7
La Morale de Nietzsche...................... 15
Appendice.. 117
    I. Nietzsche en France................... 121
    II. Sur la Hiérarchie..................... 140
    III. La Méthode de Nietzsche............. 152

ACHEVÉ D'IMPRIMER

Le quinze juin mil neuf cent deux

PAR

BLAIS ET ROY

A POITIERS

pour le

MERCVRE

DE

FRANCE

ŒUVRES COMPLÈTES

DE

FRÉDÉRIC NIETZSCHE

publiées sous la direction de

HENRI ALBERT

Une excellente traduction française des écrits de Nietzsche, dirigée par M. Henri Albert, est en cours de publication à la librairie du *Mercure de France*.

    T. DE WYZEWA.   *Revue des Deux-Mondes*, 15 juillet 1899.

...Grâces soient rendues à MM. Henri Albert et Cⁱᵉ, qui nous donnent enfin notre Nietzsche, et dans une fort bonne traduction. Depuis si longtemps nous l'attendions ! L'impatience nous la faisait épeler déjà dans le texte — mais nous lisons si mal les étrangers ! Et peut-être valait-il mieux que cette traduction ait mis tant de temps à paraître : grâce à cette cruelle lenteur, l'influence de Nietzsche a précédé chez nous l'apparition de son œuvre; celle-ci tombe en terrain préparé; elle eût risqué sinon de ne pas *prendre;* à présent elle ne surprend plus, elle confirme...

    ANDRÉ GIDE.   Lettres à Angèle — « *L'Ermitage* »,
                            janvier 1899.

...Il est d'autres genres, moins familiers au boulevard, mais qui gardent encore quelque prix. L'on ne quitte point le domaine des belles-lettres à parler de l'éloquence, de l'histoire, de la philosophie. Et, encore qu'il soit philosophe et Allemand, Frédéric Nietzsche, qui vient de mourir, est une figure qui retient singulièrement l'attention du bon lettré.

Au vrai, mieux que ses philosophies, l'allure de l'homme m'obséda, et son roman, ou plutôt son drame mental. Il n'est pas un héros ordinaire. Pour nombre d'amateurs d'âmes, par exemple pour ce savant Henri Albert — l'éditeur, en France, le traducteur et comme le « montreur en liberté » de Nietzsche — aucun type, sans doute, n'apparaît d'aussi fort et d'aussi bizarre intérêt que celui de ce professeur suisse, né saxon, de sang polonais...

    LUCIEN MUHLFELD.   *Chronique du Livre*, 10 octobre 1900.

Nous devons à l'heureuse initiative de M. Henri Albert (*Mercure de France*, 1898-1900), la traduction des principales œuvres de F. Nietzsche, qu'il mène à bien sans lassitude. Il importe que tous ceux qui ont profité de cet admirable travail lui témoignent cette même reconnaissance dont je m'acquitte aujourd'hui, pour mon propre compte.

    GEORGES GRAPPE.   *Nouvelle Revue*, 1ᵉʳ octobre 1900.

La société du *Mercure de France* a commencé récemment, sous la direction de M. Henri Albert, une édition complète des œuvres de Frédéric Nietzsche. La France ne connaissait guère que de nom ce philosophe étrange, qui s'appelait lui-même, quand on le croyait sain d'esprit, un penseur « inactuel », et dont la gloire n'a éclaté qu'après que son intelligence « s'est voilée de ténèbres et que la plume est tombée de ses mains ». Voilà dix ans que le génie de Nietzsche a reçu cette lugubre consécration de la folie, où les anciens vénéraient un mystère divin, et où plus d'un moderne voudra chercher irrévérencieusement l'explication finale de tant de paradoxes. Ne nous arrêtons pas à cette tentation : et puisque cette doctrine va maintenant répandre parmi nous sa troublante lumière, puisque d'ailleurs on nous la donne comme une sorte de révélation, devant laquelle « les idoles du jour » s'évanouiront pour faire place à une « culture nouvelle », à « un idéal surhumain » qui n'a rien de commun avec notre misérable conception démocratique et religieuse de la vie, il est nécessaire de l'examiner en elle-même avec toute la liberté d'esprit que comporte un pareil programme, avec toute la sérieuse attention que réclame de nous cette nouvelle tentative d'ériger en théorie philosophique, sur les ruines du christianisme et du droit, l'anarchie morale et sociale.

Toutefois, je n'entreprendrai point ici une réfutation directe et systématique du professeur de Bâle. Le meilleur moyen de combattre un adversaire n'est pas tant de montrer en quoi il a tort, ce qui est toujours assez facile, mais bien en quo il a raison. La genèse d'une pensée, son analyse désintéressée, l'avide recherche de la part de vérité qu'elle contient, ont pour effet immédiat d'en dégager l'erreur infiniment mieux qu'une argumentation rigoureuse; et il n'est peut-être pas pour la vérité de plus éclatant témoignage que celui que lui apporte une erreur *bien comprise*. Les pires erreurs, en philosophie surtout, ne sont souvent qu'une façon différente de penser les mêmes choses et d'exprimer les mêmes aspirations de l'esprit et du cœur, ce sont, sous des symboles moins parfaits ou des mots heureux, les mêmes réalités transcendantes que poursuivent les systèmes les plus divergents, et le rôle de la critique n'est-il point d'aider à la réconciliation de ces frères ennemis, en montrant que leurs négations les plus radicales sont un hommage au même idéal insaisissable de justice et d'amour?...

Abbé L. Birot,   *Annales de philosophie chrétienne,*
Vicaire général d'Albi.   octobre 1900.

PAGES CHOISIES, publiées par Henri Albert, avec une préface. Portrait de Frédéric Nietzsche, gravé sur bois par Julien Tinayre. Un fort volume in-18.. . . . . **3.50**

Le seul inconvénient de la publication de ces *Pages choisies* de Nietzsche est qu'elles risquent de faire tort à la traduction des œuvres complètes du philosophe allemand, entreprise en même temps par M. Henri Albert. Car, avec tout son génie, Nietzsche, qui s'est beaucoup contredit d'un de ses livres à l'autre, s'est aussi beaucoup répété; et M. Henri Albert a procédé à son choix avec tant de bonheur que son petit livre nous offre en somme toute la pensée, ou plutôt toutes les pensées successives de l'auteur de *Zarathoustra*. Tout Nietzsche se trouve dans ces trois cents pages, avec ses qualités et ses défauts, avec la profondeur de son observation et son goût du paradoxe, avec son habileté à ciseler un aphorisme et son incapacité à composer un développement, avec ses partis-pris, l'universalité de ses connaissances, et l'étroitesse de ses jugements, mais surtout avec cette étrange et subtile poésie qui était en lui, et qui donne à ses négations elles-mêmes un charme lyrique vraiment incomparable. Et tout cela ressort d'autant mieux de ce petit recueil, que M. Henri Albert a mis à sa traduction un soin infini, et qu'il est ainsi parvenu à la rendre, à la fois, aussi fidèle que possible et aussi agréable.

L'Illustration, 13 mai 1899.

M. Albert, qui prépare une traduction complète des œuvres de Nietzsche, nous fait connaître aujourd'hui par des « Pages choisies » l'auteur d' « *Ainsi parlait Zarathoustra* ». Ce remarquable travail nous montre sous tous ses aspects l'écrivain souvent un peu nébuleux, mais profond et original la plupart du temps, qu'était le philosophe allemand avant la catastrophe de janvier 1889... Ce qu'il y a de plus frappant peut-être dans l'œuvre de Nietzsche est sa haine de la démocratie moderne qu'il fait découler du christianisme. « Notre époque est démocratique dans toutes ses manifestations, écrit M. Albert, et c'est à la démocratie, héritière des doctrines judéo-chrétiennes, que s'attaque la critique de Nietzsche. Notre *morale d'esclaves* repose sur l'altruisme et l'égalité entre les hommes, qui tous deux entravent le libre développement de la vie. Il ne s'agit ici ni de vaines phrases socialistes ni des proclamations anarchistes du droit à la violence. L'idéal surhumain que Nietzsche nous montre dans le lointain comme un type de perfection n'a rien de commun avec le petit être anémié et satisfait, sans souffrances, donc sans joies, que voudraient nous recommander nos libertaires. » Signalons tout particulièrement la comparaison géniale des caractères français et allemand que Nietzsche a tracée dans *Par delà le bien et le mal;* rarement essai sur les mœurs fut plus *suggestif*, comme l'écrivait Taine à Nietzsche en 1886.

La Vie Moderne, 18 juin 1889.

Le plus convaincu et le plus autorisé de nos *nietzschéens*, M. Henri Albert, a colligé à travers les principales œuvres du maître les pages les plus significatives, et il en a composé un recueil à notre usage. C'est donc comme une liqueur très concentrée qu'il nous offre...

, *Le Journal de Genève*, 12 juin 1899.

C'est une manie que l'on commence à perdre en France de nier tous les génies étrangers sous prétexte qu'ils sont obscurs. Nul plus que le grand écrivain n'a été victime de ce parti-pris ridicule. Sans l'avoir lu, on lui a fait une réputation de philosophe obscur et impénétrable et d'auteur difficile. La traduction que vient d'en donner Henri Albert est la meilleure preuve que le génie de Frédéric Nietzsche est accessible entre tous à l'esprit français et nous nous faisons un plaisir d'extraire d'une lettre de Nietzsche, datée de l'automne 1888, ces quelques lignes qui sont à l'honneur de l'esprit français et de l'auteur allemand qui les a écrites.

«... Je ne crois qu'à la civilisation française, et tout le reste qu'on appelle en Europe culture me semble un malentendu, pour ne rien dire de la civilisation allemande... Les rares cas de haute culture que j'ai trouvés en Allemagne étaient tous d'origine française... Je ne vois pas dans quel siècle de l'histoire on pourrait réunir, par un plus beau coup de filet, des psychologues si curieux et en même temps si délicats que dans le Paris actuel : je nomme au hasard — car leur nombre est considérable : MM. Paul Bourget, Pierre Loti, Gyp. Meilhac, Anatole France, Jules Lemaître, et pour en distinguer un autre, de ceux de la forte race, un vrai latin que j'aime particulièrement, Guy de Maupassant. Je préfère, entre nous soit dit, cette génération même à ses maîtres qui tous ont été corrompus par la philosophie allemande. Partout où atteint l'Allemagne elle corrompt la culture. Ce n'est que depuis la guerre que la pensée a été délivrée en France... »

Voilà de précieux aveux à opposer à nos calomniateurs.

Le Soir, 6 mai 1899.

L'ORIGINE DE LA TRAGÉDIE ou *Hellénisme et Pessimisme*, traduit par Jean Marnold et Jacques Morland. Un vol. in-18. . . . . 3.50

Le public qui lit et qui pense, beaucoup plus nombreux qu'on ne croit, s'intéresse depuis longtemps aux très fidèles traductions des œuvres de Frédéric Nietsche qu'édite le *Mercure de France*, — traductions dues, comme on le sait, à la féconde initiative et au patient enthousiasme de M. Henri Albert. Nous sommes donc heureux d'avoir à signaler un volume nouveau de cette collection, *l'Origine de la Tragédie*, qui a paru dernièrement sous la signature jumelle de MM. Marnold et Morland. Ces consciencieux traducteurs ont droit à notre gratitude pour avoir rendu clairement, et souvent avec élégance, un texte qui brille, avouons-le, par son excessive richesse plus que par sa limpidité. Remercions-les au passage et essayons d'analyser cette œuvre de jeunesse un peu trouble, mais nullement indigne en somme du hautain penseur allemand, tant il y bouillonne déjà de sève, de germes et d'idées.

Tout d'abord, on serait tenté de supposer qu'étant données les matières dont il traite, — recherches des racines profondes du mythe tragique chez les Hellènes, histoire de sa floraison, de son plein épanouissement et de sa destruction brutale, — un tel ouvrage ne s'adresse qu'à une classe restreinte d'initiés. Rien de moins exact : au contraire, l'*Origine de la Tragédie* est un livre accessible, attirant, suggestif, où chacun, selon ses tendances, peut aller à la découverte et trouver un âpre plaisir...

Marcel Ballot. *Le Figaro*, 20 février 1902.

C'est un plaisir de saisir Nietzsche dans ses racines, presque dans ses germes, dans ses idées encore à l'état de sentiments, c'est-à-dire dans ses idées vraies. Toutes nos idées sont des sentiments transformés. En présence d'une idée d'un homme on ne la connaît pas bien, on ne la comprend pas, on ne l'a pas dans la main, tant qu'on ne sait pas de quel sentiment elle est la traduction, l'amplification, le développement ou la négation volontaire, ce qui, pour qui sait lire, est traduction encore. L'idée pensée n'est déjà plus l'idée vraie. C'est l'idée sentie qu'il faut connaître, ou (et plutôt ceci) c'est l'idée au moment où elle passe du sentiment à la pensée et où elle est encore sentie et n'a pas pleinement passé encore. C'est tout juste ce que nous avons dans l'*Origine de la Tragédie*...

Émile Faguet. *La Revue Latine*, 25 février 1902.

HUMAIN, TROP HUMAIN (1re partie), traduit par A.-M. Desrousseaux. Un volume in-18. . . . . 3.50

La supériorité de l'érudition germanique a donné naissance à une plaisanterie bien connue dans les milieux universitaires, qui consiste à dire que, pour devenir un helléniste, on peut à la rigueur se dispenser d'apprendre le grec, mais qu'il est strictement nécessaire de savoir l'allemand. M. Desrousseaux, directeur-adjoint à l'Ecole des hautes études, est un helléniste qui sait à la fois l'allemand et le grec. Il a donné la première traduction qui ait paru en France des importants fragments du poète lyrique Bacchylide de Céos, découverts en 1897 par un érudit anglais sur un papyrus envoyé d'Egypte au *Britisch Museum*. Et voici qu'aujourd'hui il traduit avec la même précision élégante un volume de Nietzsche, pour l'édition française des œuvres complètes de ce penseur qu'a entreprise le *Mercure de France*.

Cet ouvrage, composé en 1876 et 1877, publié en 1878, est postérieur à *Richard Wagner à Bayreuth* (panégyrique de l'auteur du *Ring*), et antérieur au *Cas Wagner* (pamphlet où l'illustre musicien poète est déchiré). Mais on y sent beaucoup plus l'auteur prochain du pamphlet que celui du dithyrambe de la veille. On sait que ce qui détacha Nietzsche de Wagner, dont il avait été l'ami, ce fut surtout l'horreur de la religiosité grandissante de l'auteur de *Parsifal*, et le dégoût pour la recherche des suffrages de la foule où se complaisait l'impresario de Bayreuth. *Humain, trop humain*, est un livre placé sous l'invocation de Voltaire et dédié aux « esprits libres », c'est-à-dire affranchis des traditions religieuses et des préjugés démagogiques. Et Nietzsche oppose déjà aux idoles anciennes et modernes, aux dieux, aux princes et aux démocraties, le culte de l'individu supérieur, du « surhomme », considéré comme le seul artisan de la vraie civilisation. Et à cause de cette doctrine, il fait figure tantôt de fléau de la sottise, tantôt de jongleur de paradoxes, tantôt de réactionnaire et tantôt d'anarchiste. En tout cas, Schopenhauer, qui passait jadis pour le plus amusant des philosophes, risque de perdre son rang, car c'est une lecture infiniment piquante, savoureuse et suggestive, que celle de ce Nietzsche, surtout lorsqu'elle nous est facilitée par un traducteur comme M. Desrousseaux.

Paul Souday,   Le Temps, 4 juin 1900.

AURORE (*Réflexions sur les Préjugés moraux*), traduit par Henri Albert. Un volume in-18..................... **3.50**

Aurore est un recueil de pensées que Nietzsche avait dictées à son ami Peter Gast, durant son séjour à Venise, au printemps de 1880. C'est chronologiquement le début de sa campagne contre la morale traditionaliste et chrétienne. Comme le reste de son œuvre, ce n'est pas un traité systématique, une déduction de principes, ni une induction à partir des faits ; c'est un épanouissement de remarques incisives, de réflexions profondes, des considérations sur les préjugés moraux, jaillissant sans effort ni préparation apparente du tréfonds d'une pensée en perpétuel progrès, recréant le monde par la toute-puissance de sa propre inspiration. Nietzsche excelle à enseigner sans ton doctoral, à philosopher sans disserter.

Il nous transporte en une atmosphère de lumière, d'étincellement, où la tension de la discussion disparaît sous l'ornementation littéraire ; sa pensée éminemment aristocratique, éprise d'élégance, de spontanéité, d'aisance supérieure, comprend la dialectique à la manière d'un rythme entraînant qui enveloppe, désarme, suggère et persuade sans démontrer, sans réfuter ouvertement, sans nier brutalement. Où chercher, écrit-il dans la préface, composée six ans plus tard, cette aube nouvelle, cette rougeur délicate qui annonce un jour nouveau ? Dans une *Transmutation de toutes les valeurs*, par quoi l'homme s'affranchira de toutes les valeurs morales reconnues, jusqu'à présent, dira « oui » et osera croire à tout ce qui, jusqu'à présent, fut interdit, méprisé, maudit. Ce livre, tout d'affirmation, épand sa lumière, son amour, sa tendresse sur toutes sortes de choses mauvaises, et il leur restitue leur « âme », la bonne conscience, leur droit souverain, supérieur à l'existence. La morale n'est pas attaquée, elle ne compte plus... On voit le procédé. Il consiste à transposer les catégories, à nous faire trouver *beau* ce que nous imaginions être *mal*, à juger le péché comme une œuvre d'art. C'est la magie nietzschéenne ; elle était appelée à un incomparable succès et sa fortune ne doit pas nous étonner. Ajouterai-je que cet esthétisme révèle peut-être, ainsi qu'on l'a dit, un amour plus pur et plus vivant et plus désintéressé de l'humanité chez l'amoraliste que chez ceux qu'il combat ?

L'éloge du traducteur n'est plus à faire. L'exactitude scrupuleuse, la littéralité presque naïve à force d'être sincère sont les qualités d'Henri Albert. On est sûr, avec lui, de lire une traduction, non une paraphrase, ce qui arrive malheureusement trop souvent.

Louis Weber.   Mercure de France, décembre 1901.

LE GAI SAVOIR (*La Gaya Scienza*), traduit par HENRI ALBERT. Un volume in-18.................... **3.50**

Le *Gai Savoir* n'est pas un des ouvrages les plus importants de l'auteur d'*Humain, trop Humain* et de *Zarathoustra*, mais c'est peut-être de tous ses ouvrages celui où le « savoir » est en effet le plus « gai », ou tout au moins le plus varié, le plus spirituel, et le plus accessible. On y trouvera de délicieux paradoxes sur l'amour et l'amitié, sur la musique, sur le caractère allemand et ses insuffisances, sur le socialisme, voire de menus détails touchant le métier d'écrivain, sans compter quelques pages profondes et subtiles sur la science et la morale, comme aussi de véritables portraits de philosophes allemands et français. Nous ne saurions, en vérité, trop remercier M. Henri Albert de mettre ainsi à notre portée l'œuvre du plus français des écrivains allemands ; mais surtout nous ne saurions trop louer l'intelligence, la conscience, le savoir et le charme qu'il apporte sans cesse davantage à chacun des nouveaux volumes de sa traduction, et qui fait de ce *Gai Savoir*, en particulier, un livre aussi agréable à lire, certainement, pour un lecteur français, qu'il a pu l'être jamais, dans son texte original, pour les compatriotes de l'auteur.

L'Illustration, 9 février 1901.

Mesdames, si vous êtes infiniment intellectuelles, il vous faut avoir à votre chevet, entre la petite boîte d'argent où sont les pilules calmantes, le téléphone qui vous sert à communiquer au réveil avec vos bonnes amies, et la glace à la main dans laquelle vous vérifiez que vous êtes aussi jolies que la veille, le *Gai Savoir* de Nietzsche, dont Henri Albert vient de nous donner une nouvelle et éclatante traduction. Elle est parfaite cette traduction : d'un lyrisme précis, adhérente, avec une souplesse invraisemblable en sa dextérité, au texte onduleux ou bondissant, et c'est un livre admirable que ce *Gai Savoir*. Un livre étincelant, fascinant, ou la pensée n'use point sa force à creuser des puits dans les ténèbres, mais, comme une flèche, monte en sifflant et crève la nue.

On trouve dans ce livre-là l'amour, l'art, la politique, des paysages, le ciel italien, l'âme allemande, les nerfs français, le passé et l'avenir en formules magnifiques. Le rire y sonne, — frénétique par places, un rire divin qui fait trembler la plaine aux pieds de l'Olympe. Il semble quand on a lu qu'on sache tout sur tout et qu'on ait conquis des réponses pour chaque question du sphinx. Voilà pourquoi, belles mesdames, il vous faut lire le *Gai Savoir !*

La Vie parisienne, 9 mars 1901.

AINSI PARLAIT ZARATHOUSTRA, traduit par HENRI ALBERT. Un volume in-18.................... **3.50**

PAR DELA LE BIEN ET LE MAL, traduit par L. WEISCOPF et G. ART. Un volume in-8.................... **8 fr.**

J'arrive à l'examen des deux premiers volumes de la traduction de Nietzsche depuis longtemps annoncés par M. Henri Albert et que les admirateurs français du philosophe attendaient avec impatience. Ces volumes sont, à mon sens, bien choisis pour nous donner une idée de l'œuvre de Nietzsche. *Par delà le bien et le Mal* est, avec la *Généalogie de la Morale* (qui dans l'édition allemande est contenue dans le même volume), l'ouvrage qui résume le mieux et sous la forme la plus aisément intelligible l'ensemble de la doctrine de Nietzsche. Et quand on s'est bien pénétré de *Par delà le Bien et le Mal* on peut aussi aborder la lecture de *Zarathoustra* sans être arrêté à chaque instant par la phraséologie très spéciale employée par Nietzsche, phraséologie qui déroute beaucoup au premier abord le lecteur non initié et qui rend une étude fructueuse de *Zarathoustra* à peu près impossible à quiconque ne connaît pas déjà l'ensemble des doctrines de Nietzsche et ne s'est pas un peu familiarisé au préalable avec sa façon de s'exprimer. — La méthode de traduction employée par MM. Henri Albert et ses collaborateurs me paraît être, somme toute, la meilleure possible dans l'espèce. Ils se sont efforcés de rendre aussi exactement, aussi fidèlement que possible le texte de Nietzsche sans se laisser aller à la tentation — très grande lorsqu'on traduit *Zarathoustra* surtout — de se contenter d'un à peu près plus ou moins « poétique ». Sans doute l'intérêt de

Zarathoustra réside surtout dans sa valeur lyrique qui est de tout premier ordre. Mais c'est en même temps un poème philosophique d'une très grande précision qu'une paraphrase, si bien réussie qu'elle pût être littéralement parlant, aurait presque nécessairement défiguré. Remercions donc les traducteurs de leur méritoire abnégation et de nous avoir donné un Nietzsche *vrai* plutôt qu'un Nietzsche fleuri ou pompeux et de lecture facile. Remercions-les d'avoir été sincèrement « objectifs », de n'avoir rien ajouté ni retranché, ni modifié, de nous donner en un mot un décalque qui, malgré sa très réelle valeur littéraire, n'atteint pas évidemment et ne peut atteindre la beauté formelle et lyrique de l'original, mais qui a l'inappréciable mérite d'être exact jusque dans le moindre détail. .

Henri Lichtenberger.   *Revue Universitaire*, 15 avril 1899.

Les deux principaux ouvrages qui résument la pensée de Nietzsche *Zarathoustra* et *Par delà le Bien et le Mal*, viennent d'être excellemment traduits par M. Henri Albert...

Edouard Schuré.   *Revue Bleue*, 8 septembre 1900.

... Voici que par ses soins nous sont aujourd'hui livrées deux des œuvres maîtresses du philosophe allemand, le *Zarathoustra* et *Par delà le Bien et le Mal*. C'est là un événement de marque et qui renoue la tradition ; car il semble que le monopole appartienne à l'Allemagne de nous pourvoir de systèmes métaphysiques. Depuis près d'un siècle, par le canal des traductions, le flot philosophique s'est épanché des régions transrhénanes sur notre sol. A l'inondation kantienne, grossie des affluents Hegel, Fichte et Schelling, ont succédé de périodiques infiltrations. Les conceptions de Schopenhauer, celles de Hartmann ont été versées tour à tour des mots de leur idiome originel dans ceux moins amples, mais plus précis de notre langue. Dernier venu de cette lignée Nietzsche nous est à son tour révélé...

Jules de Gaultier.   *Revue Blanche*, 1ᵉʳ décembre 1898.

LA GÉNÉALOGIE DE LA MORALE, traduit par Henri Albert. Un volume in-18.................... 3.50

Sous ce titre sont réunies trois dissertations : I. *Bien et mal, bon et mauvais ;* II. *La faute, la mauvaise conscience et ce qui leur ressemble ;* III. *Quel est le sens de l'idéal ascétique ?* Ces dissertations sont désignées par Nietzsche lui-même comme le complément nécessaire de son ouvrage intitulé : *Par delà le Bien et le Mal*. Elles nous présentent, résumées avec force et précision, — une force et une précision que la traduction française nous paraît avoir très heureusement rendues, — les vues du philosophe allemand sur l'évolution des idées éthiques et sur l'opposition de la morale des *forts*, des *maîtres*, à celle des *faibles*, des *esclaves*.

Dans la première, l'auteur écarte, d'abord, comme historiquement insoutenable et psychologiquement contradictoire, l'origine assignée par les moralistes utilitaires, notamment par Stuart Mill, à la notion et au jugement de bonté (pp. 29, 33). Selon lui, cette notion et ce jugement ne viennent nullement « de ceux à qui l'on a prodigué la *bonté* »! « Ce sont, dit-il, les *bons* eux mêmes, c'est-à dire les hommes de distinction, les puissants, ceux qui sont supérieurs par leur situation et leur élévation d'âme, qui se sont eux-mêmes considérés comme *bons*, qui ont jugé leurs actions *bonnes*, c'est-à-dire de premier ordre, établissant cette taxation par opposition à tout ce qui était bas, mesquin, vulgaire et populaire (p. 30). » Il remarque que les significations du mot *bon*, dans les diverses langues, « dérivent toutes de la même transformation d'idée » ; que « partout l'idée de distinction, de noblesse, au sens de *rang* social, est l'idée même d'où naît et se développe l'idée de *bon*, au sens de *distingué quant à l'âme* » ; que « ce développement est toujours parallèle à celui qui finit par transformer les notions de *vulgaire, plébéien, bas*, en celle de *mauvais* (p. 34) ».

Ainsi s'établit, par la transformation du concept politique de prééminence en un concept psychologique, la morale des forts, qui est la première détermination des valeurs. Par réaction contre cette morale se produit celle des faibles, des esclaves, qui renverse absolument le système d'appréciation des forts, appelant *méchant* le *bon* de la morale aristocratique, c'est-à-dire « le puissant, le dominateur, mais noirci, vu et pris à rebours par le regard venimeux du ressentiment (p. 56) ».

Dans la seconde dissertation, Nietzsche explique comment le sentiment du devoir, de l'obligation personnelle « a tiré son origine des plus anciennes et des plus primitives relations entre les individus, des relations entre acheteur et vendeur, entre créancier et débiteur (p. 109) » ; comment l'idée toute matérielle de *dette* a donné naissance au concept moral de *faute ;* comment s'est développée et transformée l'idée de *châtiment,* qui n'avait été d'abord que celle d'un équivalent, d'une compensation, pour un dommage causé (p. 93) ; comment le rapport du débiteur et du créancier, introduit entre les générations actuelles et celles qui les ont précédées, a produit le culte des ancêtres, le sentiment de la faute et la mauvaise conscience (p. 144).

La troisième et dernière dissertation est consacrée à l'analyse de l'idéal ascétique. La conclusion de cette analyse est que l'idéal ascétique « a miné la santé et la vigueur des races, surtout des Européens », et qu'on peut l'appeler « le *fléau par excellence* dans l'histoire sanitaire de l'homme (p. 251) » ; qu'il « a corrompu le goût *in artibus et litteris* et le corrompt encore (p. 252) » ; que toujours et partout, il a éloigné les hommes de la beauté, parce qu'il « renferme en lui le manque de mesure, la haine de la mesure (p. 255) » ; mais que, du moins, il a sauvé la volonté, en lui conservant un objet, le seul qu'elle pût avoir pendant le règne de la morale des faibles. « Le non-sens de la douleur, et non la douleur elle-même, est la malédiction qui a jusqu'à présent pesé sur l'humanité ; or, l'idéal ascétique lui donnait un sens !... Grâce à lui, la souffrance se trouvait expliquée. L'interprétation que l'on donnait à la vie amenait indéniablement une souffrance nouvelle, plus profonde, plus intime, plus empoisonnée, plus meurtrière : elle fit voir toute souffrance comme le châtiment d'une faute. Mais, malgré tout, elle apporta à l'homme le *salut ;* l'homme avait un *sens,* il n'était plus désormais la feuille chassée par le vent, le jouet du hasard inintelligent, du non-sens, il pouvait *vouloir* désormais quelque chose, — qu'importait ce qu'il voulait, pourquoi, comment plutôt telle chose qu'une autre chose : *la volonté elle-même était du moins sauvée.* Impossible d'ailleurs de se dissimuler la *nature* et le *sens* de la volonté à qui l'idéal ascétique avait donné une direction : cette haine de ce qui est humain, et plus encore de ce qui est animal, et plus encore de ce qui est matière ; cette horreur des sens, de la raison même ; cette crainte du bonheur et de la beauté ; ce désir de fuir tout ce qui est apparence, changement, devenir, mort, effort, désir même, — tout cela signifie, osons le comprendre, une *volonté d'anéantissement,* une hostilité à la vie, un refus d'admettre les conditions fondamentales de la vie ; mais c'est du moins, et cela demeure toujours, une *volonté !* Et l'homme préfère encore avoir la volonté du *néant* que de *ne point* vouloir du tout (p. 283) ».

On remarquera que cette analyse de l'ascétisme, où Nietzsche voit la volonté persistant à s'affirmer elle-même, à se donner à elle-même un objet, est opposée au principe métaphysique sur lequel Schopenhauer fondait la morale. Elle nous paraît très intéressante en ce qu'elle montre la contradiction inhérente à la poursuite de l'idéal ascétique. Il y a dans cette poursuite, selon Nietzsche, un mode pathologique d'action et de manifestation de la volonté. Cela est vrai si l'on entend l'expression *idéal ascétique* au sens que lui donnent le bouddhisme et le catholicisme. Mais on peut l'entendre autrement : on peut très bien désigner par le mot *ascétisme,* la subordination rationnelle des fonctions animales aux fonctions proprement humaines. Et le reproche général que l'on peut faire à la doctrine de Nietzsche est de confondre, dans la morale des faibles et des esclaves, des conceptions éthiques très différentes, par exemple le principe kantiste de la dignité essentielle de la personne, et le principe tolstoïste de la pitié.

Lionel Dauriac.   L'Année philosophique, 1900.

LE CRÉPUSCULE DES IDOLES, Le Cas Wagner, Nietzsche contre Wagner, L'Antéchrist, traduits par Henri Albert. Un volume in-18 .... **3.50**

Avec l'extravagant et sublime *Zarathoustra,* dont M. Albert nous a offert récemment une excellente traduction française, ce nouveau recueil pourrait suffire à donner une idée presque complète de la pensée et du style de Frédéric Nietzsche.

Ce soi-disant philosophe était peut-être, de tous les hommes, le moins capable d'une sérieuse réflexion philosophique, c'est-à-dire d'une réflexion ayant sérieusement pour objet de découvrir la vérité, dans un domaine quelconque de la connaissance. Mais à défaut de la curiosité, et de la gravité, et du désintéressement qui sont les conditions de l'esprit philosophique, Nietzsche unissait en lui un mélange vraiment exceptionnel du sens critique le plus pénétrant et de toute l'émotion d'un poète de race : de sorte que, après avoir admiré la noble et profonde poésie de son *Zarathoustra*, c'est l'autre grand aspect de son talent que nous apprenons à connaître dans le *Cas Wagner* et dans ce *Crépuscule des Idoles* où se trouvent critiquées, — et nous pourrions même dire « démolies », quelques-unes des plus puissantes parmi les « idoles » de l'heure présente; tandis que l'*Antechrist*, publié à la fin du volume, nous fait voir comment toute la finesse critique et tout le génie poétique de Nietzsche l'abandonnaient, dès qu'il se mêlait proprement de philosopher. Ajoutons que la traduction de ces écrits, comme celle de *Zarathoustra*, est à la fois très exacte au point de vue de la lettre et à celui de l'esprit. Grâce à M. Albert, l'œuvre de Nietzsche va nous devenir aussi accessible qu'aux lecteurs allemands : et c'est là un service dont nous ne saurions trop remercier le plus savant, le plus consciencieux, et le plus intelligent de nos *nietzschéens*.

L'Illustration, 18 janvier 1900.

SOUS PRESSE

LE VOYAGEUR ET SON OMBRE. Réflexions et Sentences mêlées (Humain, trop humain, 2ᵉ partie), traduits par Henri Albert. Un volume in-18.. **3.50**

EN PRÉPARATION (volumes gr. in-18) :

HOMÈRE ET LA PHILOLOGIE CLASSIQUE. — DE L'AVENIR DE NOS
    ÉTABLISSEMENTS PÉDAGOGIQUES, etc.................... I vol.
LA PHILOSOPHIE PENDANT LA PÉRIODE TRAGIQUE DE LA GRÈCE,
    etc... I vol.
CONSIDÉRATIONS INACTUELLES .... 2 vol.
PAR DELA LE BIEN ET LE MAL (nouvelle édition)........... I vol.
POÈMES ET FRAGMENTS................................ I vol.
LA VOLONTÉ DE PUISSANCE, *essai d'une transmutation de
    toutes les valeurs*................................ I vol.

Poitiers. — Imp. Blais et Roy, 7, rue Victor-Hugo.

MERCVRE DE FRANCE

XV, RVE DE L'ÉCHAVDÉ. — PARIS
paraît tous les mois en livraisons de 3oo pages, et forme dans
l'année 4 volumes in-8, avec tables.

Rédacteur en chef : ALFRED VALLETTE.

**Littérature, Poésie, Théâtre, Musique, Peinture, Sculpture,
Philosophie, Histoire, Sociologie, Sciences, Voyages,
Bibliophilie, Sciences occultes, Critique, Littératures
étrangères, Portraits, Dessins et Vignettes originaux**

REVUE DU MOIS

Epilogues (actualité): Remy de Gour-
mont.
Les Poèmes : Pierre Quillard.
Les Romans : Rachilde.
Littérature : H. de Régnier, R. de
Gourmont.
Littérature dramatique : Georges
Polti.
Histoire : Marcel Collière, Edmond
Barthèlemy.
Philosophie : Louis Weber.
Psychologie : Gaston Danville.
Science sociale : Henri Mazel.
Questions morales et religieuses :
Victor Charbonnel.
Sciences : Dr Albert Prieur.
Archéologie, Voyages : Charles Merki.
Questions coloniales : Carl Siger.
Romania, Folklore : J. Drexelius.
Bibliophilie : Pierre Dauze.
Ésotérisme et Spiritisme : Jacques
Brieu.
Chronique universitaire : L. Bélugou.
Les Revues : Charles-Henry Hirsch.
Les Journaux : R. de Bury.
Les Théâtres : A.-Ferdinand Herold.
Musique : Jean Marnold.
Art moderne : André Fontainas.

Art ancien : Virgile Josz.
Publications d'art : Y. Rambosson.
Le Meuble et la Maison : Les XIII.
Chronique du Midi : Jean Carrère.
Chronique de Bruxelles : G. Eekhoud.
Lettres allemandes : Henri Albert.
Lettres anglaises : Henry.-D. Davray.
Lettres italiennes : Luciano Zuccoli.
Lettres espagnoles : Ephrem Vincent.
Lettres portugaises : Philéas Lebesgue.
Lettres hispano-américaines : Euge-
nio Diaz Romero.
Lettres brésiliennes : Figueiredo Pi-
mentel.
Lettres néo-grecques : Giorgios Lam-
beletis.
Lettres russes : Adrien Souberbielle.
Lettres polonaises : Jean Lorentowicz.
Lettres néerlandaises : A. Cohen.
Lettres scandinaves : Peer Eketræ.
Lettres hongroises : Zrinyi János.
Lettres tchèques : Jean Otokar.
La France jugée à l'Etranger : Lucile
Dubois.
Variétés : X...
Publications récentes : Mercure.
Echos : Mercure.

ABONNEMENT

France		Étranger	
UN AN.............	**20** fr.	UN AN...........	**24** fr.
SIX MOIS...........	**11** »	SIX MOIS..........	**13** »
TROIS MOIS.........	**6** »	TROIS MOIS.........	**7** »

**ABONNEMENT DE TROIS ANS, avec prime équivalant au rem-
boursement de l'abonnement.**

France: 50 fr. | **Étranger: 60 fr.**

La prime consiste : 1° en une réduction du prix de l'abonnement; 2° en la faculté d'ache-
ter chaque année 20 volumes de nos éditions à 3 fr. 50, *parus ou à paraître,* aux prix
absolument nets suivants (emballage et port *à notre charge*):

France: 2 fr. 25 | **Étranger: 2 fr. 50**

Poitiers. — Imprimerie du Mercure de France, BLAIS et ROY, 7, rue Victor-Hugo.

www.ingramcontent.com/pod-product-compliance
Ingram Content Group UK Ltd.
Pitfield, Milton Keynes, MK11 3LW, UK
UKHW020833120726
13693UKWH00002B/639